喜楽研の支援教育シリーズ

ゆっくり ていねいに 学びたい子のための

ことばワーク

ちいさくかく文字《もじ》と のばす音《おん》

～促音・長音・拗音（拗長音・拗促音）～

企画・編著 ／ 原田 善造

はじめに

昨年、算数教材『スモールステップで学びたい子のための 教科書にそって学べるさんすう教科書支援ワーク』発刊後、支援教育を担当されている先生や学級担任をされている先生方、また書店の方々から、「こくご教材も作ってほしい。」との声を多数いただきました。

そこで、「どの子にもわかりやすく、どの子にも理解できる」という観点に留意し、さらに「ゆっくりていねいに、段階を追った学習ができる『こくごワーク』シリーズ」の作成を目指しました。一つの文字や一つの言葉の読み書き、意味、音節構造をゆっくりていねいに学習できるよう工夫しています。それぞれの子どもに適した支援のワークシートを選択して、お使いください。

また、子ども個人用のワークブックがわりに使えるものを、との声にも応えて、本シリーズは子どもがそのまま記入して使える大きさのＡ４サイズのワークシート集として作成しました。

本書では、読み書きが苦手な子どもがつまずきやすい、促音・長音・拗音・拗長音などの特殊音節の特徴を視覚化することで、音韻認識を育み、音節構造の理解を補えるよう工夫しています。さらに、読み書きが苦手な子どもでも楽しく気軽に取り組めるよう楽しいイラストやあそびのページを多数取り入れました。あそびの中で文字や言葉に親しみ、より理解を深めることで、学習の定着が図れます。

本書を通して、読み書きが苦手な子どもが「理解できない」「達成感がない」苦しさから少しでも解放され、「わかる喜び」「できた！という達成感」がもてるようになることを願ってやみません。

本書作成のために、特別支援学級や支援教育にたずさわっておられる先生方からたくさんの貴重なご意見をいただきました。あらためて御礼申し上げます。

二〇一六年十二月

編著者　原田　善造

本書の特色

ゆっくりていねいに、段階を追った学習ができます。

読み書きが苦手な子どもにも理解できるよう、ゆっくりていねいに段階を追って学習できるよう工夫しています。

豊かな内容が子どもたちの確かな学力づくりに役立ちます。

教科書の内容や構成を研究し、小学校の特別支援学級や支援教育担当の現場の先生方のアドバイスをもとに問題を作成しています。

読みのルールを明確化し、読み書きが苦手な子どもたちに対応できるようにしました。

読みのルールを明確化し、読み書きが苦手な子どもたちに対応できるようにしました。

教科書の説明や内容以外にも、多様な方法を取り入れてワークシートを作成しました。文字や単語を正確に素早く読む力をつけられるよう、音の特徴を視覚的に表した補助記号で音韻認識を育み、音節構造の理解を深めます。また、その記号にあわせた動作化のヒントも一部取り入れ、文字と音の結びつきを楽しく理解できるよう工夫しています。

あたたかみのある説明イラストで、日常的な単語の定着と語彙の拡大を図ります。

日常的に用いる単語を多く取り上げ、語彙の拡大と、普段の生活での反復使用による単語の定着を促します。どの単語にもわかりやすい説明イラストを掲載し、言葉の理解を深めます。イラストの色塗りなども楽しめます。

ちょっとひと休み、あそびのページで楽しく学習できます。

反復して書く練習をしたあと、ちょっと雰囲気をかえて学習したいときのワークシートも掲載しています。あそびの中で文字や言葉に親しみ、より理解の深まる学習ができます。

学校現場では、本書ワークシートを印刷・コピーして児童に配布できます。

ゆっくりていねいに学びたい子のための　ことばワーク
ちいさくかく文字《もじ》と のばす音《おん》 ～促音・長音・拗音（拗長音・拗促音）～

もくじ

はじめに …… 2
本書の特色 …… 3
本書の解説とねらい …… 6

ちいさい「っ」

よんで　かいてみよう（ねこと　ねっこ） …… 11
たくさん　かこう（ねこと　ねっこ） …… 12
よんで　かいてみよう（3もじ） …… 14
たくさん　かこう（3もじ） …… 15
よんで　かいてみよう（4もじ） …… 17
たくさん　かこう（4もじ） …… 18
かけるかな …… 22
ちいさい「っ」が　あるかな …… 26
おとの　かず …… 29
ただしい　ことばを　えらぼう …… 33
どこに「っ」が　はいるかな …… 34
ことばあそび（もじをつなごう・めいろ・さがしてみよう） …… 35
カタカナで　かこう …… 41

のばす　おん

よんで　かいてみよう（あだん・いだん） …… 45
たくさん　かこう（あだん） …… 46
たくさん　かこう（いだん） …… 47
よんで　かいてみよう（うだん） …… 48
たくさん　かこう（うだん） …… 49
よんで　かいてみよう（えだん） …… 51
たくさん　かこう（えだん） …… 53
かけるかな（えだん） …… 55
ただしい　もじを　えらぼう（えだん） …… 57
よんで　かいてみよう（おだん） …… 58
たくさん　かこう（おだん） …… 59
ぶんを　よんで　かいてみよう（とくべつな　のばす　おん） …… 62
ぶんを　よんで　たくさん　かこう（とくべつな　のばす　おん） …… 63

よんで　かいてみよう（とくべつな　のばす　おん）……64
たくさん　かこう（とくべつな　のばす　おん）……65
かけるかな（おだん）……67
ただしい　もじを　えらぼう（おだん）……75
かけるかな……78
ただしい　もじを　えらぼう……90
おとの　かず……93
ことばあそび（しりとり・もじをつなごう・さがしてみよう）……97
カタカナで　かこう……103

ちいさい「や・ゆ・よ」

こえに　だして　よもう　かいてみよう……107
よんで　かいてみよう……109
たくさん　かこう……111
かけるかな……115

ちいさい「ゃ・ゅ・ょ」と　のばす　おん

よんで　かいてみよう……119
たくさん　かこう……122
かけるかな……128

ちいさく　かく　もじ

よんで　かいてみよう……134
たくさん　かこう……135

ちいさく　かく　もじと　のばす　おん

かけるかな……137
「きゃ」が　あるかな……141
「きゅ」が　あるかな……142
「きょ」が　あるかな……143
「しゃ」が　あるかな……144
「しゅ」が　あるかな……145
「しょ」が　あるかな……146
「ちゃ」が　あるかな……147
「ちゅ」が　あるかな……148
「ちょ」が　あるかな……149
ことばあそび（めいろ・しりとり・もじをつなごう・さがしてみよう・おなじもじをいれよう）……150
こえに　だして　よもう　かいてみよう（カタカナ）……156
カタカナで　かこう……158

解答例

ちいさい「っ」・のばすおん・ちいさい「ゃ・ゅ・ょ」……164

本書の解説とねらい

よんで　かいてみよう

「よんで　かいてみよう」は、本書で初めて取り上げる単語を、声にだして読ませ、なぞり書きさせるワークシートです。すべての単語に掲載されたイラストで、言葉の意味を確かめ理解を深めます。

ちいさい「っ」

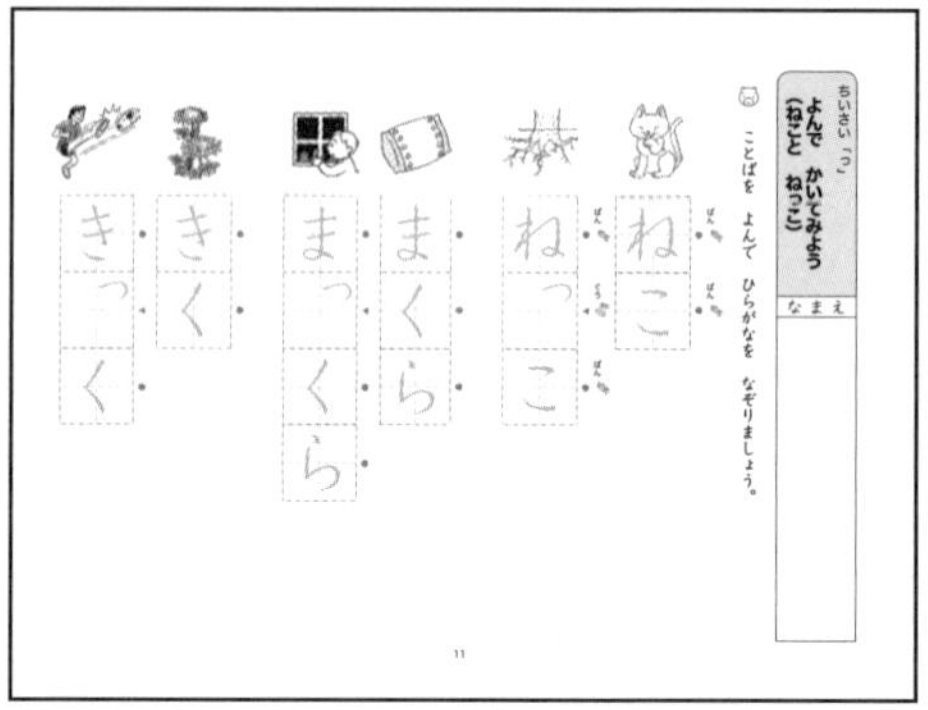

ちいさい「っ」（促音）では、まず「ねこ」と「ねっこ」などの二つの単語を対比し、促音の有無により単語の読み方も意味も全く違ってくることを確かめます。

読むときは、「ねこ」は二拍「ねっこ」は三拍であることを手拍子で確かめ「っ」の存在を意識させます。そのとき「ねっこ」の促音のところでは「ぐう」と手を握るなど、違いを明確にします。（※後述「動作化」参照）

書くときは、「っ」は一ますのどこに書くかを確かめます。また、「きつね」と「きって」の二つの単語を対比することで、大きく書く「つ」は発音し、小さく書くと無音になることを確かめるとよいでしょう。

のばす　おん

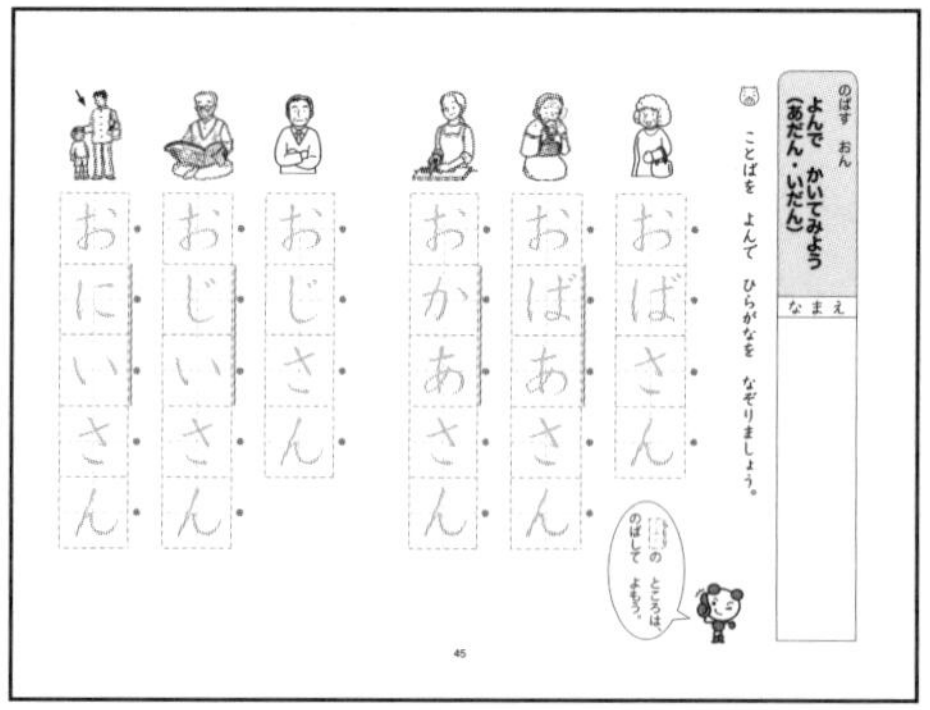

のばすおん（長音）では、まず「おばさん」と「おばあさん」などの二つの単語を対比し、「あ」という文字一文字が入ることによって、単語の読み方も意味も全く違ってくることを確かめます。読むときは「おばーさん」と長音として意識した読み方をするとよいでしょう。また、手拍子で「おばさん」と「おばあさん」との拍の違いを確かめましょう。

本書では「あ段」から「お段」まで順に掲載していますが、「え段」「お段」には例外が存在することで混乱することが考えられます。児童の理解を確かめつつ、まずは基本を押さえてから、例外に取り組んでもよいでしょう。「お段」の例外の言葉を多く含んだ唱え歌「おおくのおおかみ～」も活用してください。

ちいさい「ゃ・ゅ・ょ」

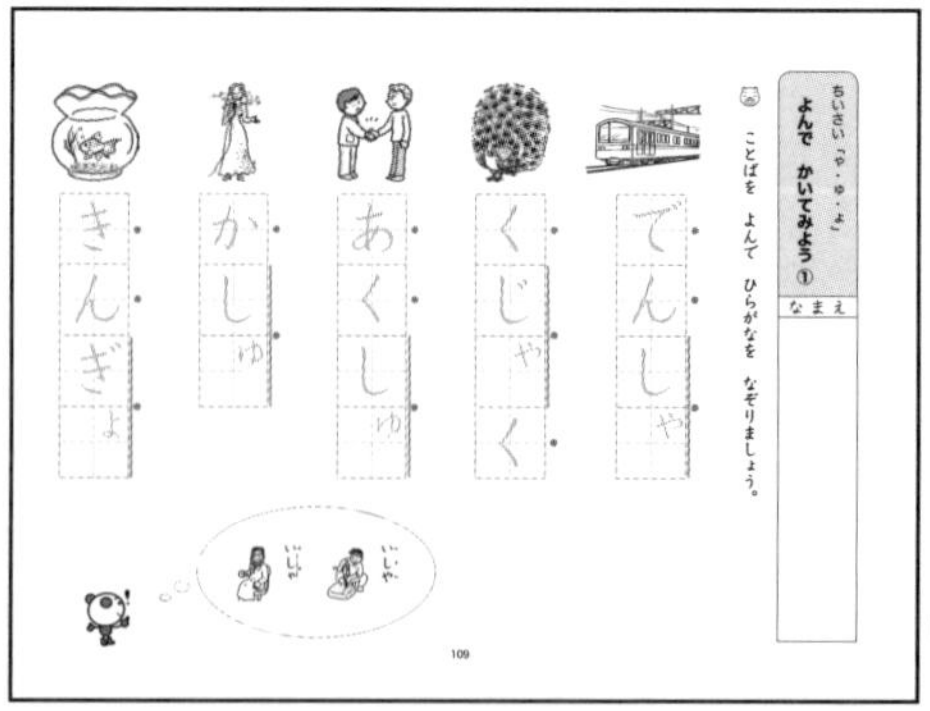

ちいさい「ゃ・ゅ・ょ」（拗音）では、文字表記は二文字でも声に出して読むと一音節になることを確かめます。手拍子しながら読ませたり、声を出しながら書かせたりして実感させます。また、「いしや」と「いしゃ」の二語を対比し、「や」の字の大きさの違いで、単語の読み方も意味も違ってくることを確かめるとよいでしょう。

書くときは、促音と同じ場所に書くことを確かめます。

拗音には、拗長音（ちいさい「ゃ・ゅ・ょ」とのばすおん）も含まれています。児童の理解を確かめながら進めていきましょう。

音節の視覚化と動作化について

○音節の視覚化

●の記号で一文字一音節を表しています。特殊音節では次のとおりとしました。

	（記号）	（例）
促音　ちいさい「っ」	▲	ねっこ
長音　のばす　おん	●●	おばあさん
拗音　ちいさい「ゃ・ゅ・ょ」	●	でんしゃ
拗長音　ちいさい「ゃ・ゅ・ょ」と　のばすおん		きゅうり

促音、長音、拗音、拗長音すべてにおいて、各音節構造にあわせて記号で視覚化し、練習ワークシートに記載しています。

お使いの教科書と表記が違う場合があるかもしれません。特に長音（のばすおん）の記号は、教科書会社によって表記が異なります。児童が混乱することがないか確かめながら、より理解できる表記のほうを指導者の方が選択し使用してください。

○音節の動作化

視覚化と同様に、音節のパターンを動作化します。目に見えない音の特徴を手の動作で表すことで、さらに理解の深まりを図ります。

本書では、促音のいくつかの単語で、音節記号とあわせて次のような動作化のヒントを示しています。

清音、濁音・半濁音	促音（ちいさい「っ」）
ぱん  ●	ぐう  ▲

清音、濁音・半濁音では、手を「ぱん」と一回たたき、促音では両手を「ぐう」と握り、音を出さないようにします。本書では「ぐう」と握ると提示していますが、ほかにも、片方の掌（てのひら）を口元にあてて口をふさいで無音を表す方法も考えられます。

このように、文字と音、音と動作を対応させることで、児童が自分で特殊音節の表記を思い出す一助となることが期待できます。本書では、促音の練習ワークシートでのみ動作化のヒントを記載していますが、各児童の理解に応じて、ほかの特殊音節でも動作化を図ってもよいでしょう。

たくさん　かこう

「よんで　かいてみよう」ワークシートで読み・音節構造・意味を確かめた単語を、二回ずつ書く練習をするワークシートです。

三列のうち中央にあるお手本を見ながら左右のマス目に書く練習をさせるつくりです。左利き・右利きどちらの児童でも、最初は中央列のお手本を見ながら書く練習ができます。

ちいさい「っ」

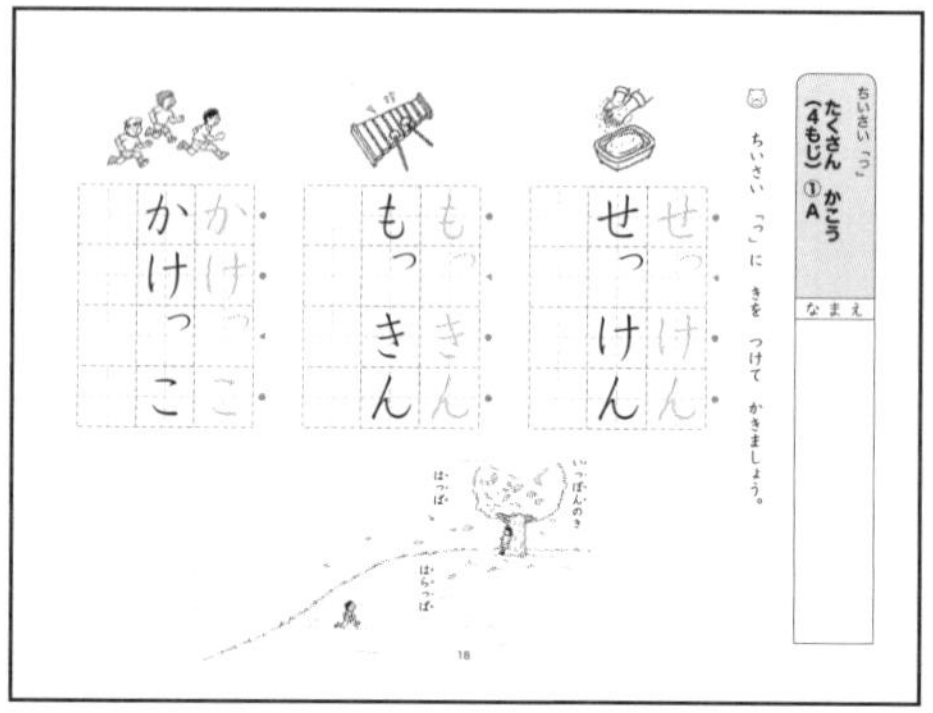

A

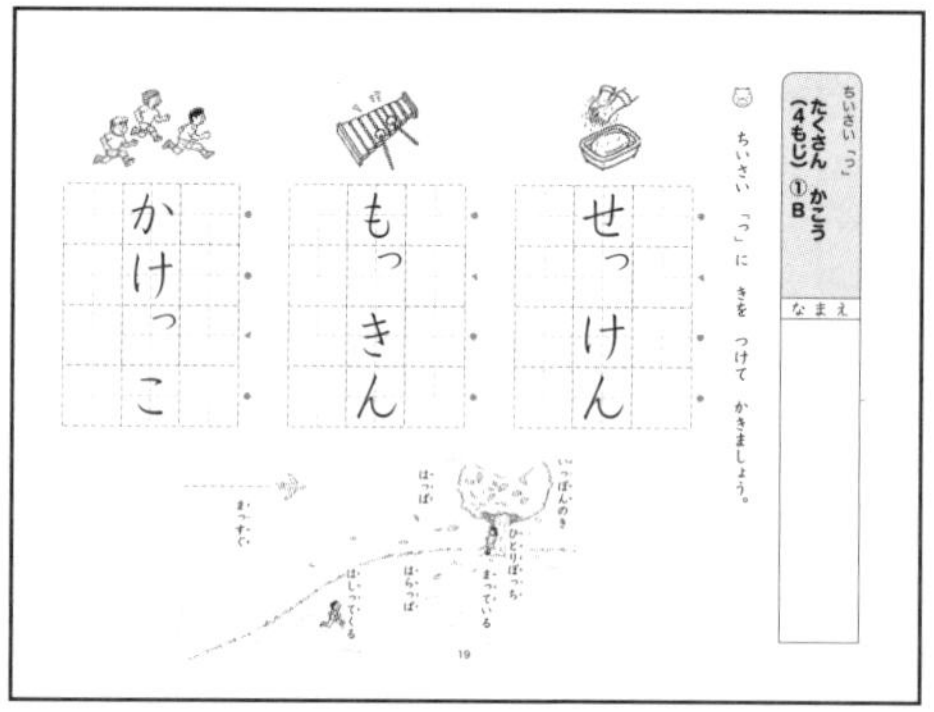

B

※導入単元のちいさい「っ」では、A・B2種のワークシートがあります。ワークシートAでは、三列構成の右列にグレー文字を入れてあり、まずはお手本を見ながらなぞらせることで、自分で書く練習の補助となるよう工夫しています。

のばす　おん

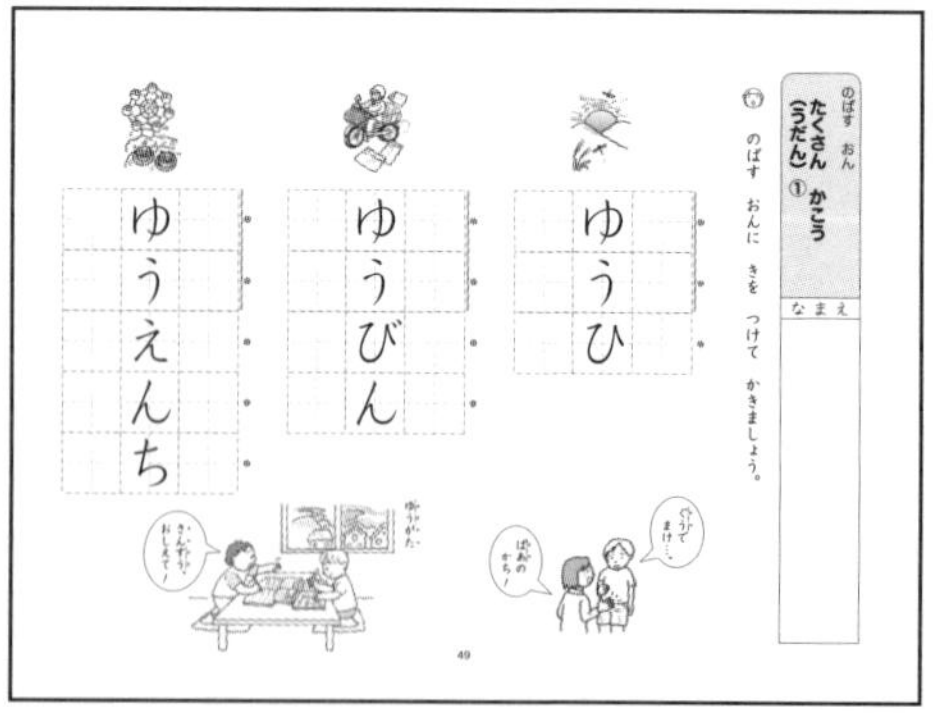

かけるかな

これまで学習した単語のイラストを見て、ひらがなで書いて答えさせるワークシートです。

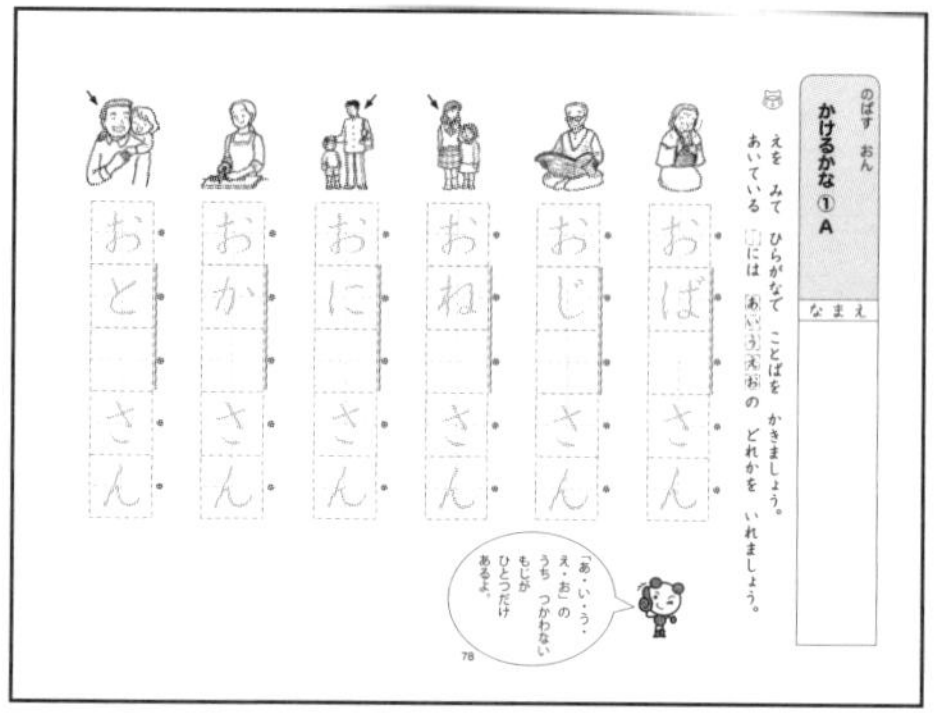

A

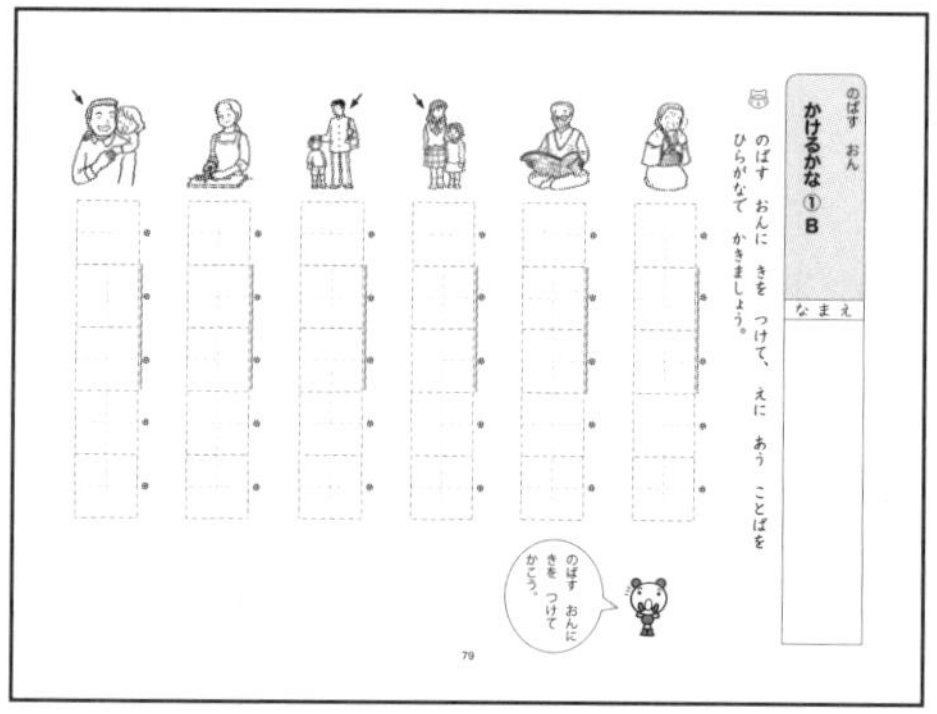

B

A・B2種のうち、ワークシートAでは、促音・長音・拗音・拗長音部分のみ空白となっています。対してワークシートBでは、すべて空白となっており、児童の理解や実態にあわせて利用できます。必要に応じて、指導者側で、ワークシートBの最初一文字を記入してから児童に取り組ませてもよいでしょう。

〇〇があるかな

ちいさい文字（促音・拗音）を含む単語について、児童が特殊音節の有無を判別できるかどうかを確かめるワークシートです。

おとの かず

ちいさい「っ」

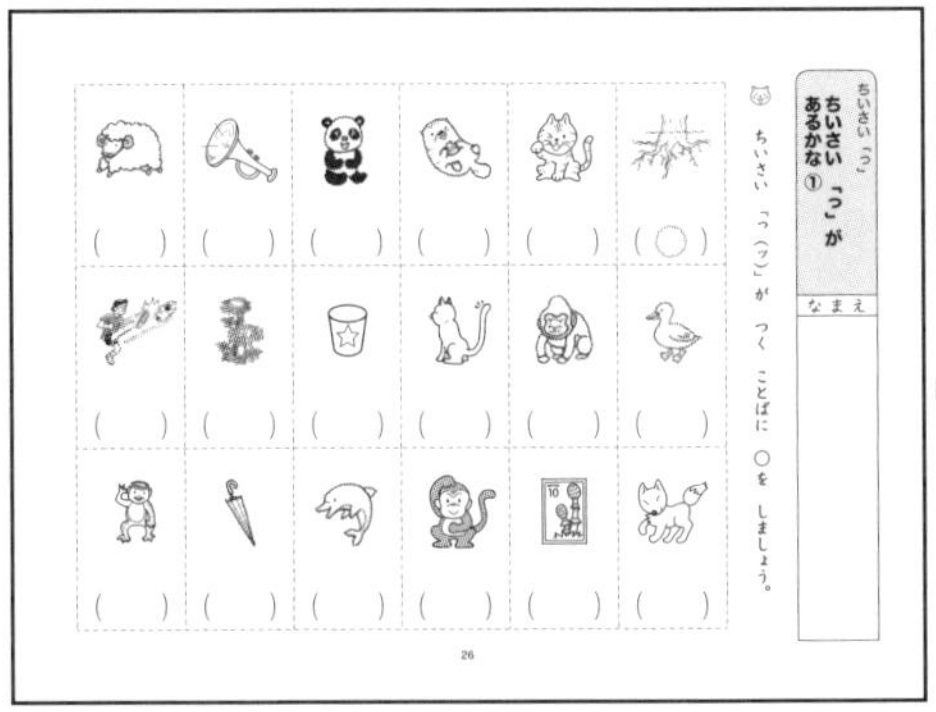

ちいさい「や・ゆ・よ」

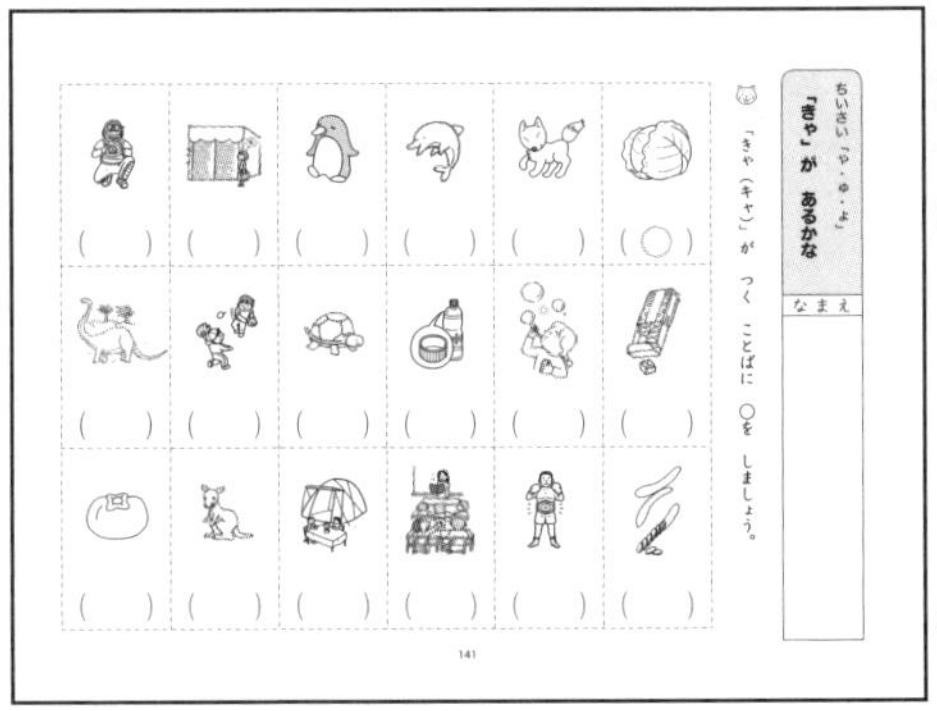

イラストの名前をあてること（語彙を増やすこと）が目的ではないので、初めに何のイラストであるかを教えてもかまいません。

また、カタカナで表記する言葉も含んでいるため、児童の実態に応じて「カタカナでかこう」ワークシート（後述）の学習後に取り組ませてもよいでしょう。

ちいさい「っ」

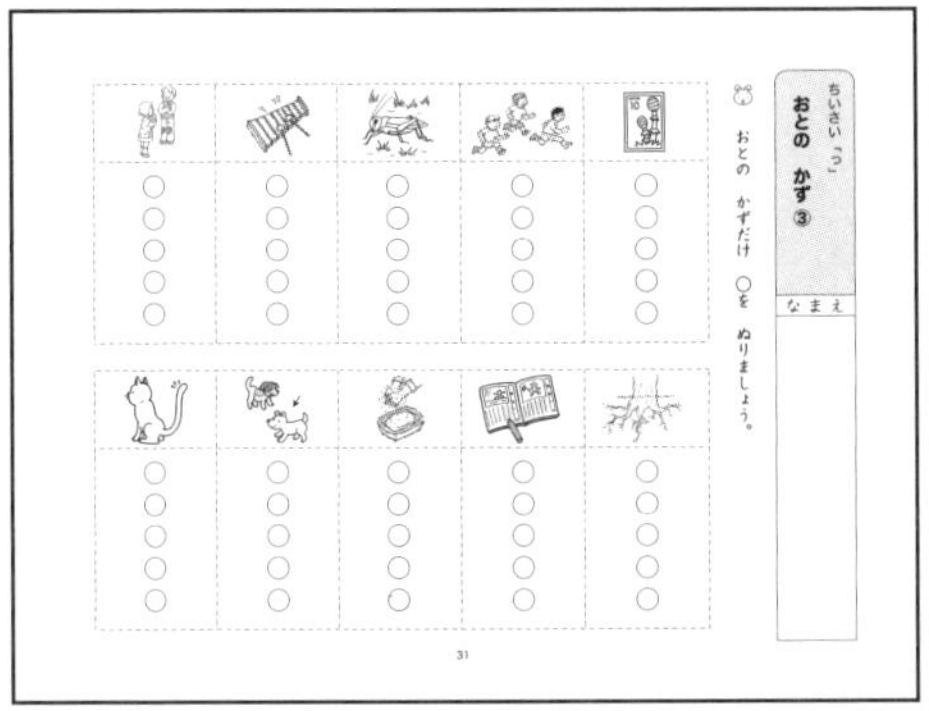

のばす おん

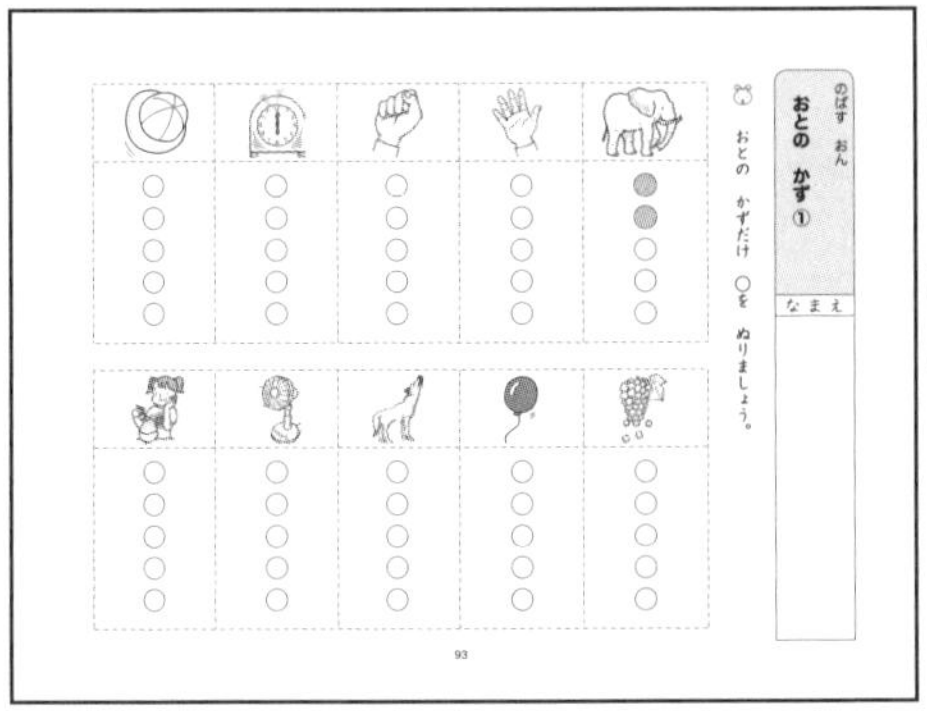

促音・長音を含む単語について、児童が音節数を判別できるかどうかを確かめるワークシートです。イラストの名前をあてること（語彙を増やすこと）が目的ではないので、初めに何のイラストであるかを教えてもかまいません。

ただしい ことば（もじ）を えらぼう どこに「っ」が はいるかな

既習の単語について、簡単な問題形式で児童の理解を確かめます。つまずきが見られた場合は、つまずいた言葉の練習ワークシートで再確認し、学習の定着を図りましょう。

ちいさい「っ」

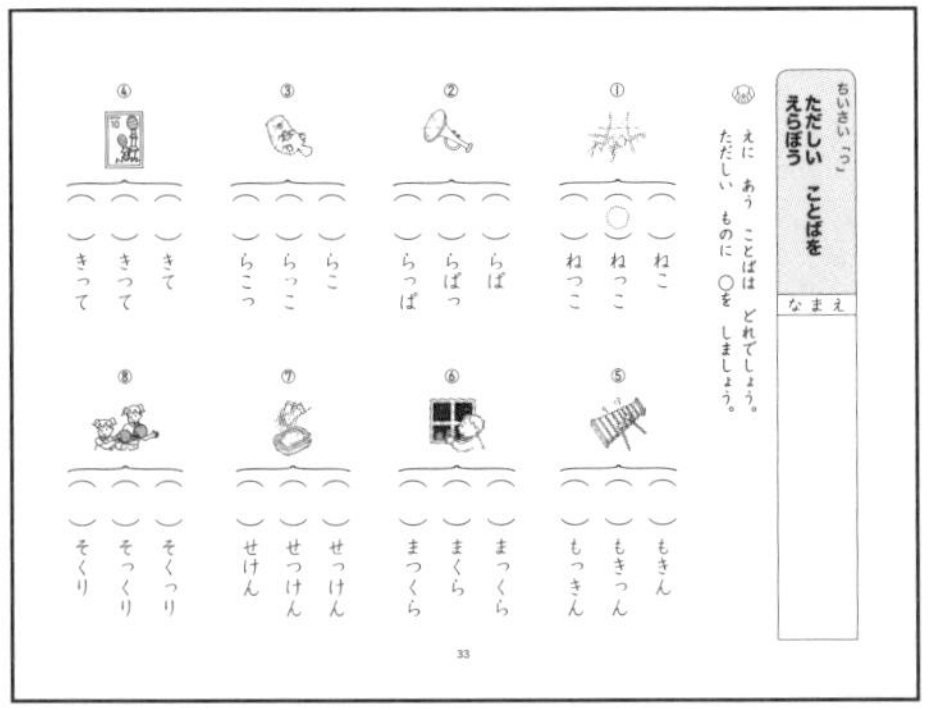

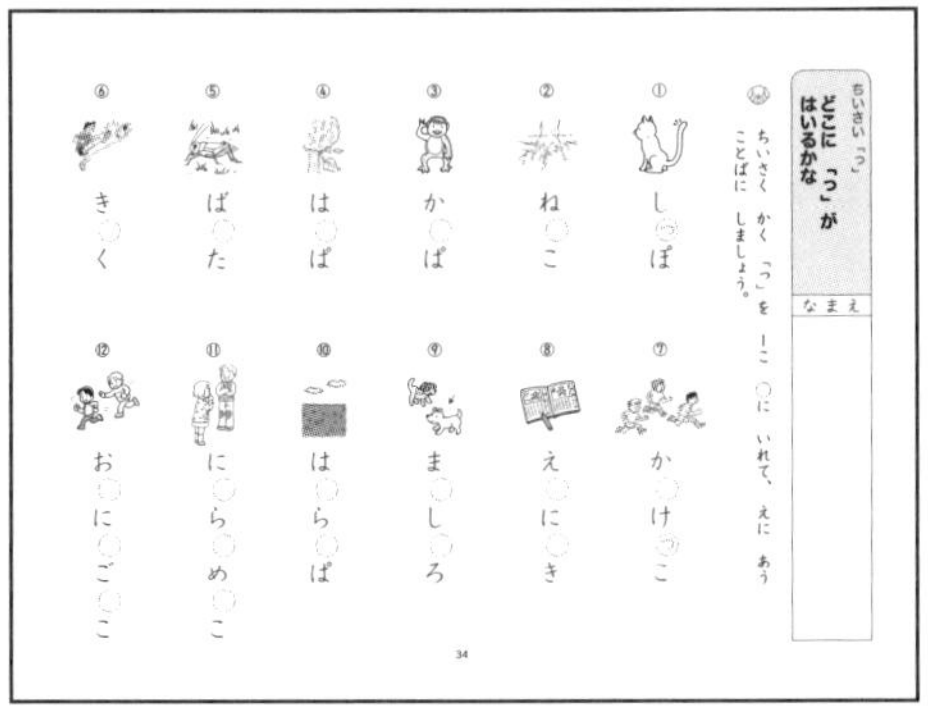

のばす おん

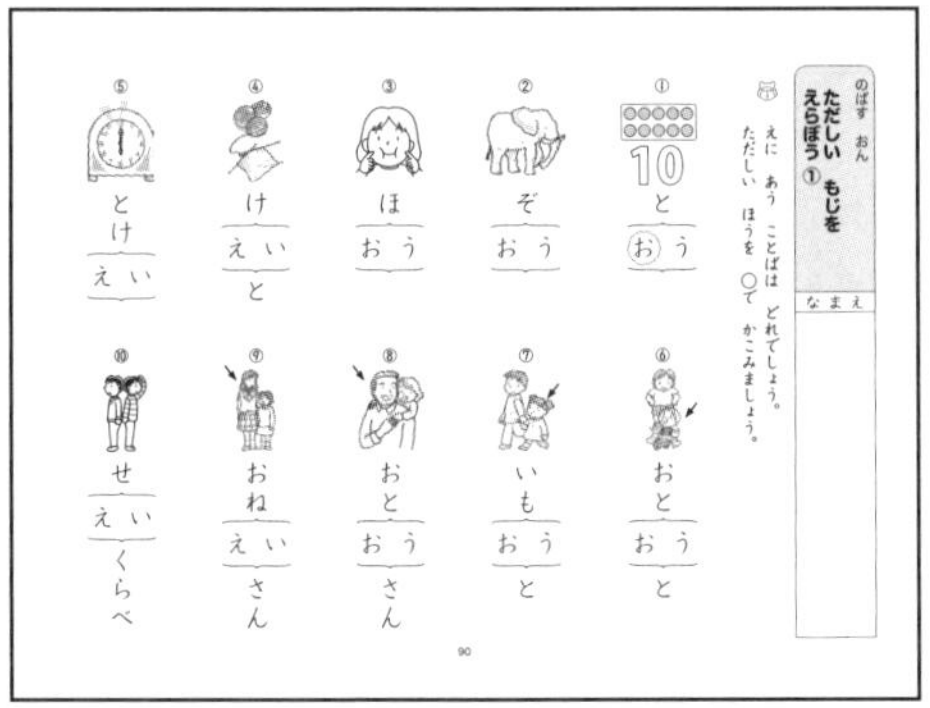

ことばあそび

おもに既習の単語を使って、めいろ、クロスワード風もじつなぎ、しりとりなどで、楽しく文字に親しみながら単語理解の定着を図ります。「さがしてみよう」ワークシートでは文字が並んでいる中から、指定された個数の言葉のまとまりを見つける練習をします。問題に気軽に、また楽しく取り組む手助けとして、すべての言葉にイラストのヒントを記載しています。

ちいさい「っ」

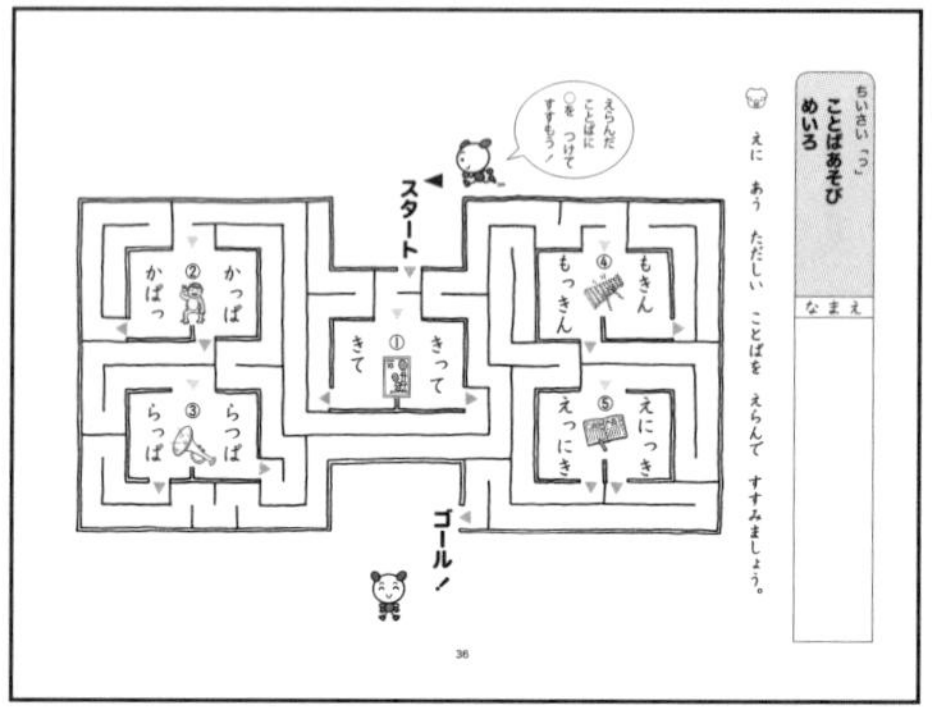

のばす おん

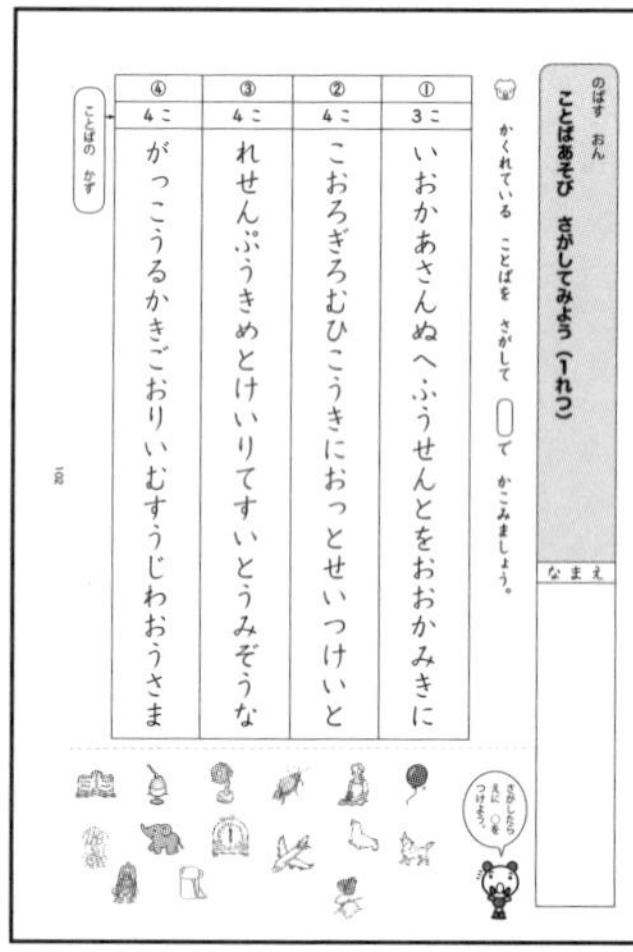

※このワークシートでは、点線以下を折り曲げるなどイラストを隠して問題に取り組ませることもできます。

ちいさい「ゃ・ゅ・ょ」

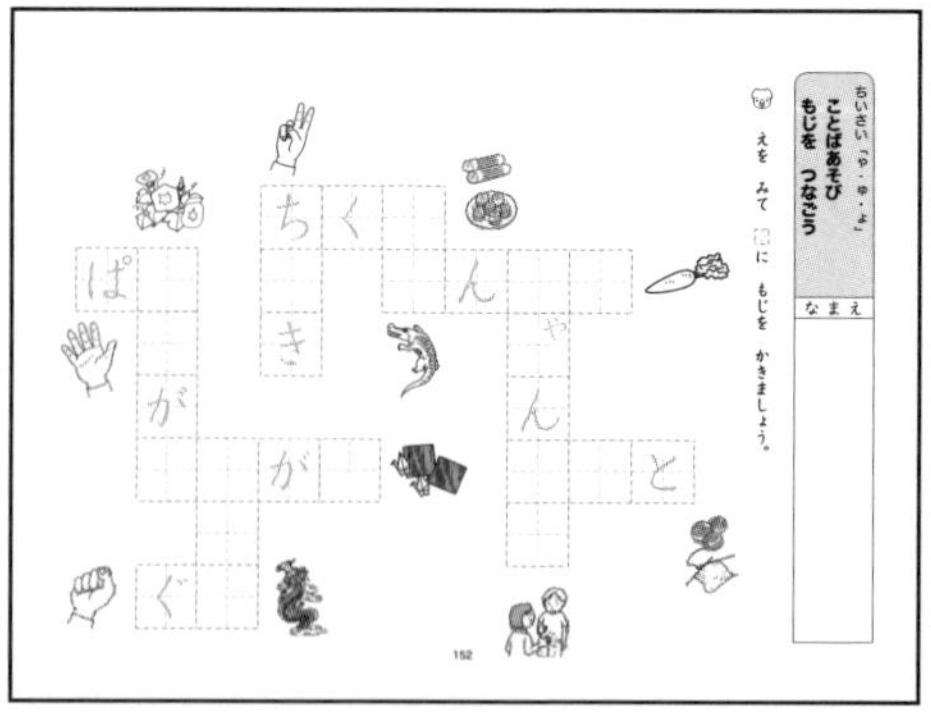

※「ことばあそび」ワークシートは、同シリーズ『ことばあそび①②』本に多数掲載しています。

カタカナで　かこう

カタカナで表示する単語の練習ワークシートです。

A・B2種のうち、ワークシートAには、すべてグレー文字を入れてあります。単語の読み・音節構造・意味の理解を確かめながらなぞらせます。対してワークシートBでは、すべて空白となっています。児童の理解や実態にあわせて活用してください。必要に応じて、指導者側でワークシートBの最初一文字を記入してから児童に取り組ませてもよいでしょう。

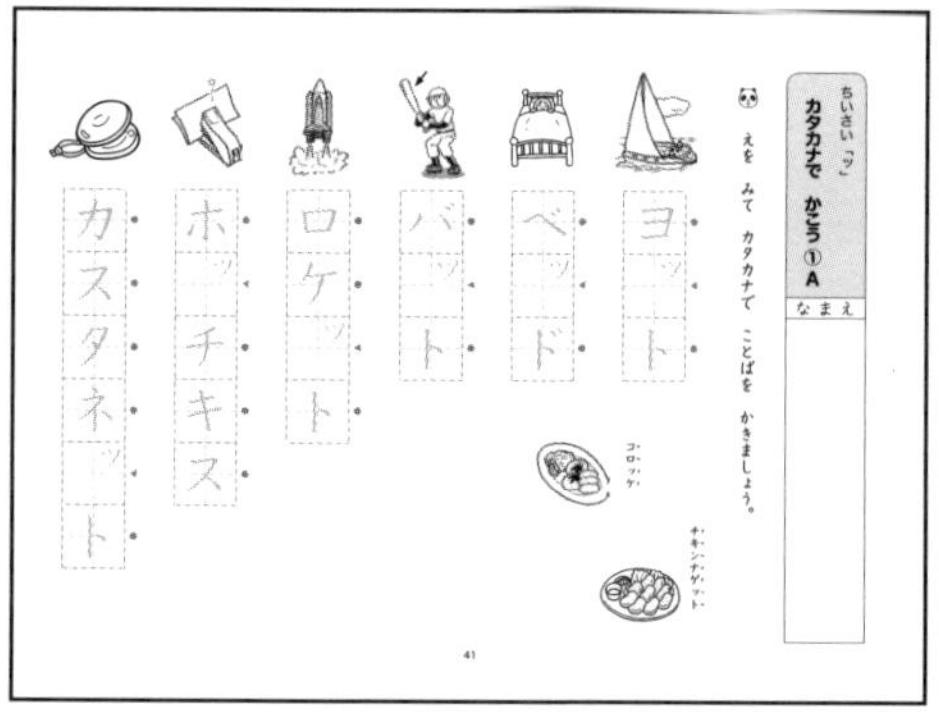

A

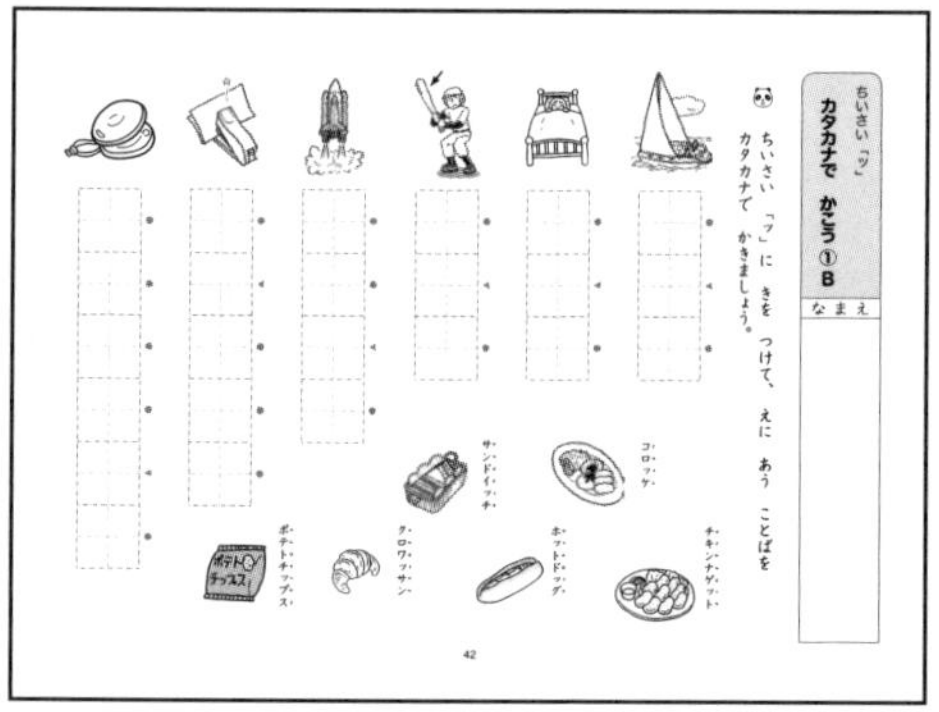

B

カタカナワークシートは各単元の最後に掲載していますが、取り組む順序は児童の実態にあわせて配慮してください。

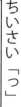

ちいさい「っ」

よんで　かいてみよう
（ねこと　ねっこ）

なまえ

ことばを　よんで　ひらがなを　なぞりましょう。

ね（ぱん）こ（ぱん）

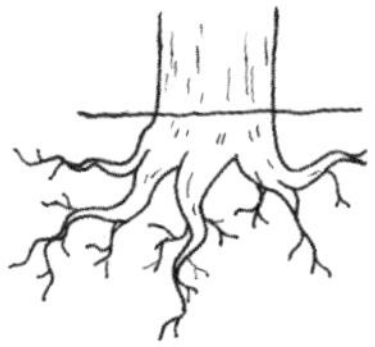

ね（ぱん）っ（ぐう）こ（ぱん）

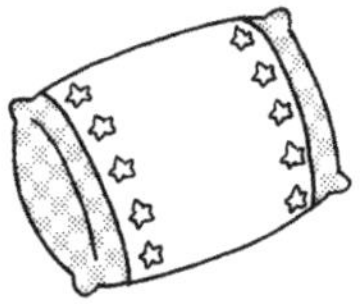

まくら

まっくら

きく

きっく

ちいさい「っ」

たくさん かこう（ねこと ねっこ） A

なまえ

えを みて ひらがなで ことばを かきましょう。

ねこ

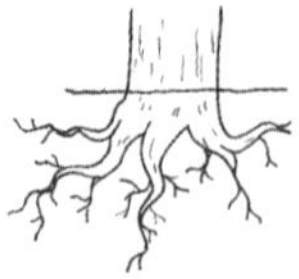

ねっこ

きく

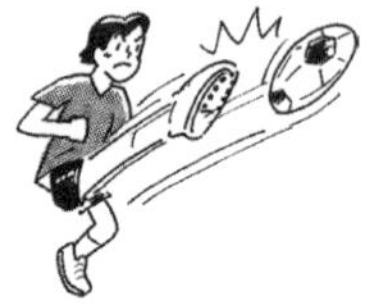

きっく

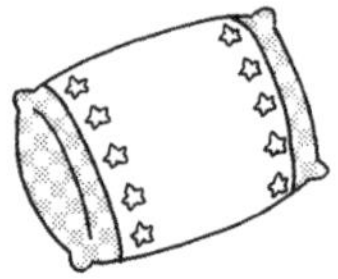

まくら

まっくら

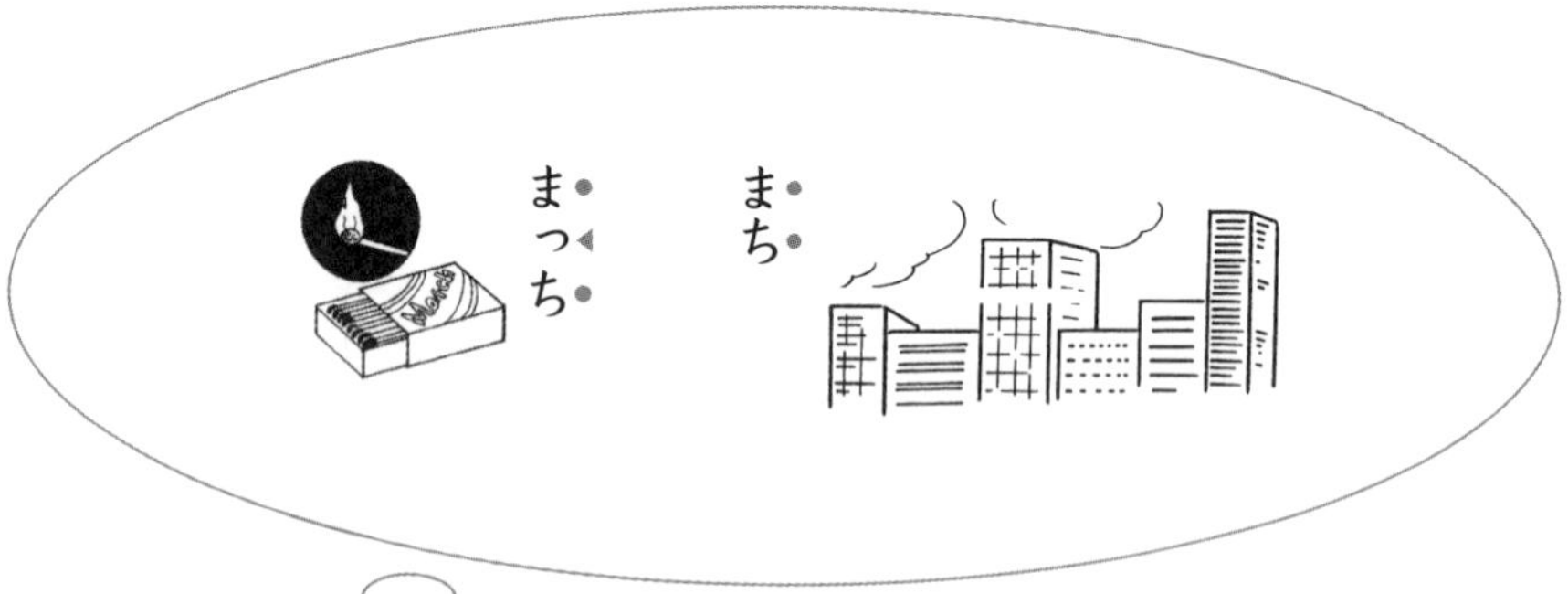

ちいさい「っ」

たくさん かこう（ねこと ねっこ）B

なまえ

えを みて ひらがなで ことばを かきましょう。

ねこ

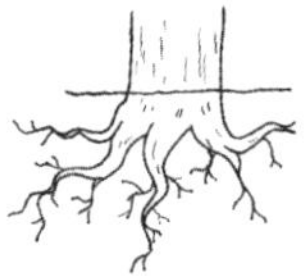

ねっこ

きく

きっく

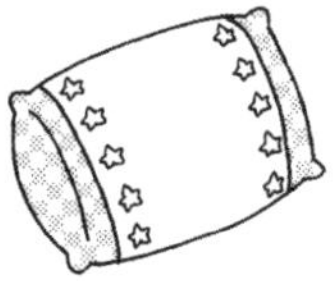

まくら

まっくら

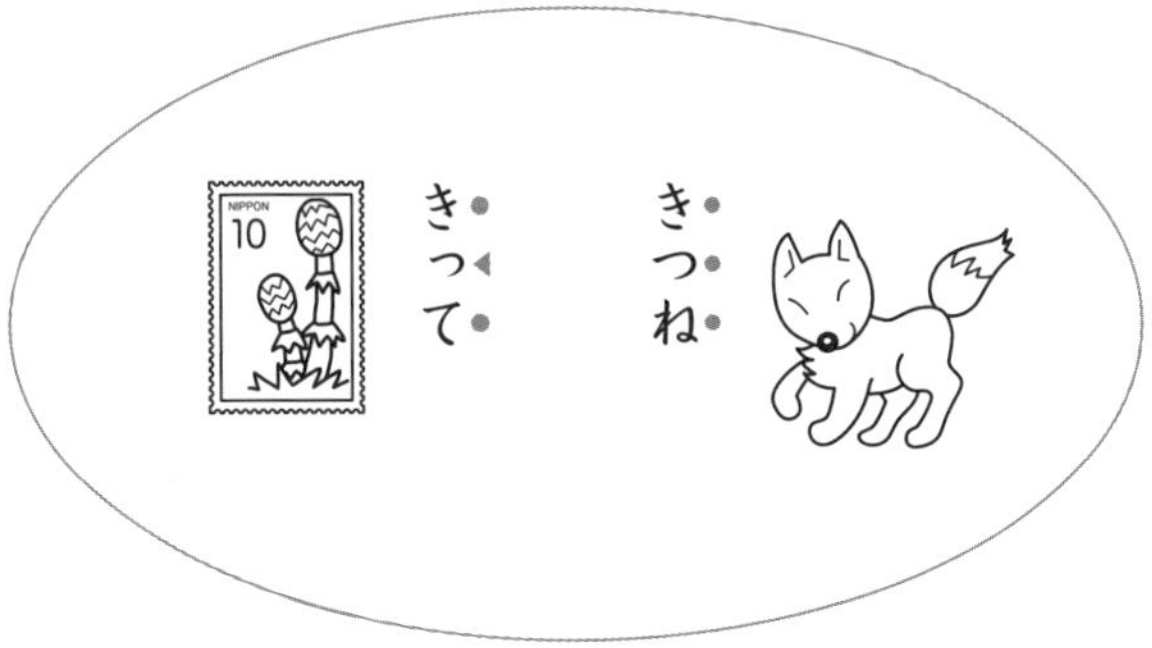

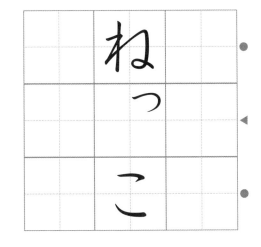

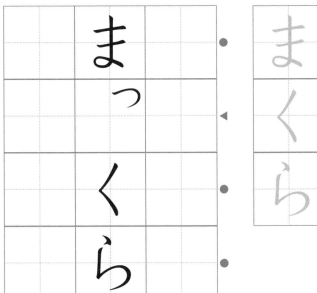

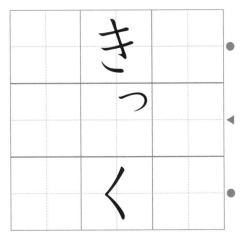

ちいさい「っ」

よんで　かいてみよう（３もじ）

なまえ

ことばを　よんで　ひらがなを　なぞりましょう。

ぱん　ぐう　ぱん

きって

らっこ

かっぱ

ばった

らっぱ

しっぽ

きっぷ

あっち　むいて　ほい
こっち　むいて　ほい

ちいさい「っ」

たくさん かこう（3もじ）A

なまえ

ちいさい「っ」に きを つけて かきましょう。

きって

かっぱ

らっぱ

らっこ

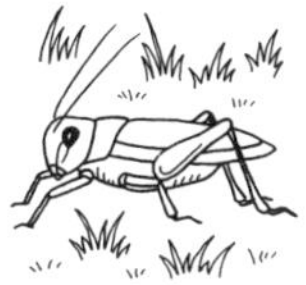

ばった

しっぽ

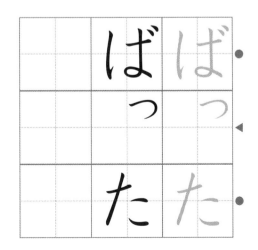

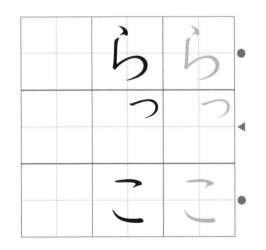

ちいさい「っ」
たくさん かこう (3もじ) B

なまえ

ちいさい 「っ」に きを つけて かきましょう。

きって

かっぱ

らっぱ

らっこ

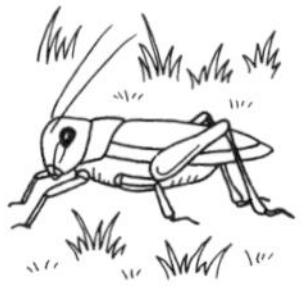

ばった

しっぽ

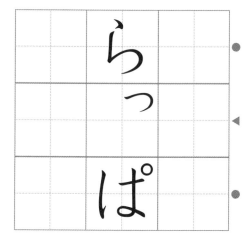

ちいさい「っ」

よんで かいてみよう（4もじ）

なまえ

ことばを よんで ひらがなを なぞりましょう。

ぱん ぐう ぱん ぱん

せっけん

もっきん

まっしろ

ぱん ぱん ぐう ぱん

かけっこ

えにっき

がっこう

なっとう

てっぽう

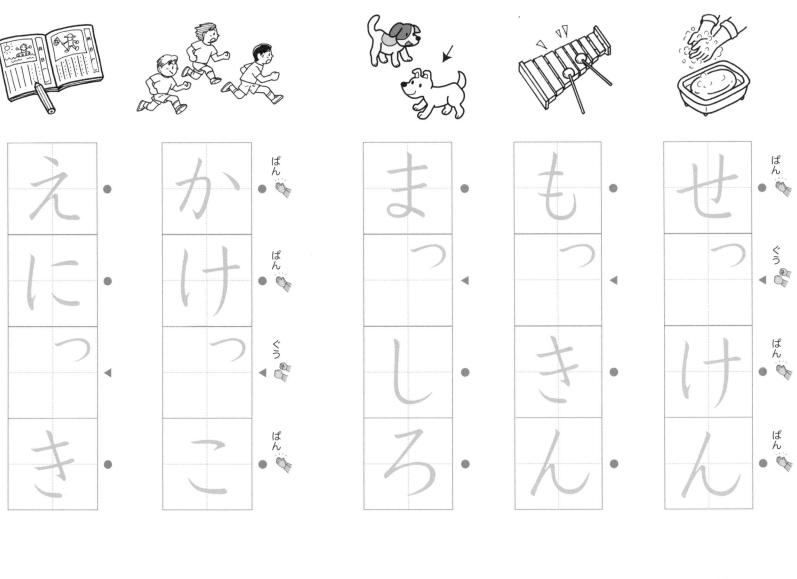

ちいさい「っ」

たくさん　かこう（4もじ）①A

なまえ

ちいさい　「っ」に　きを　つけて　かきましょう。

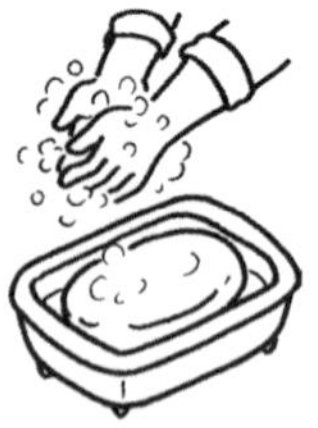

せっけん

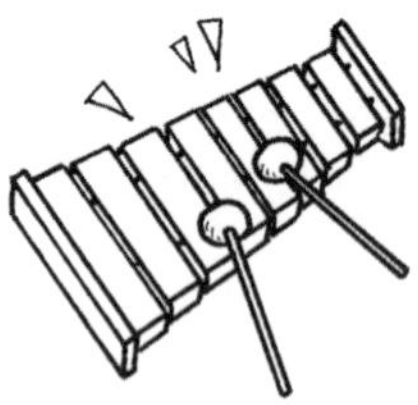

もっきん

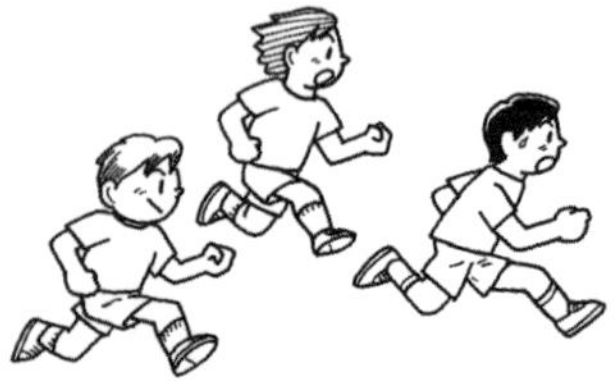

かけっこ

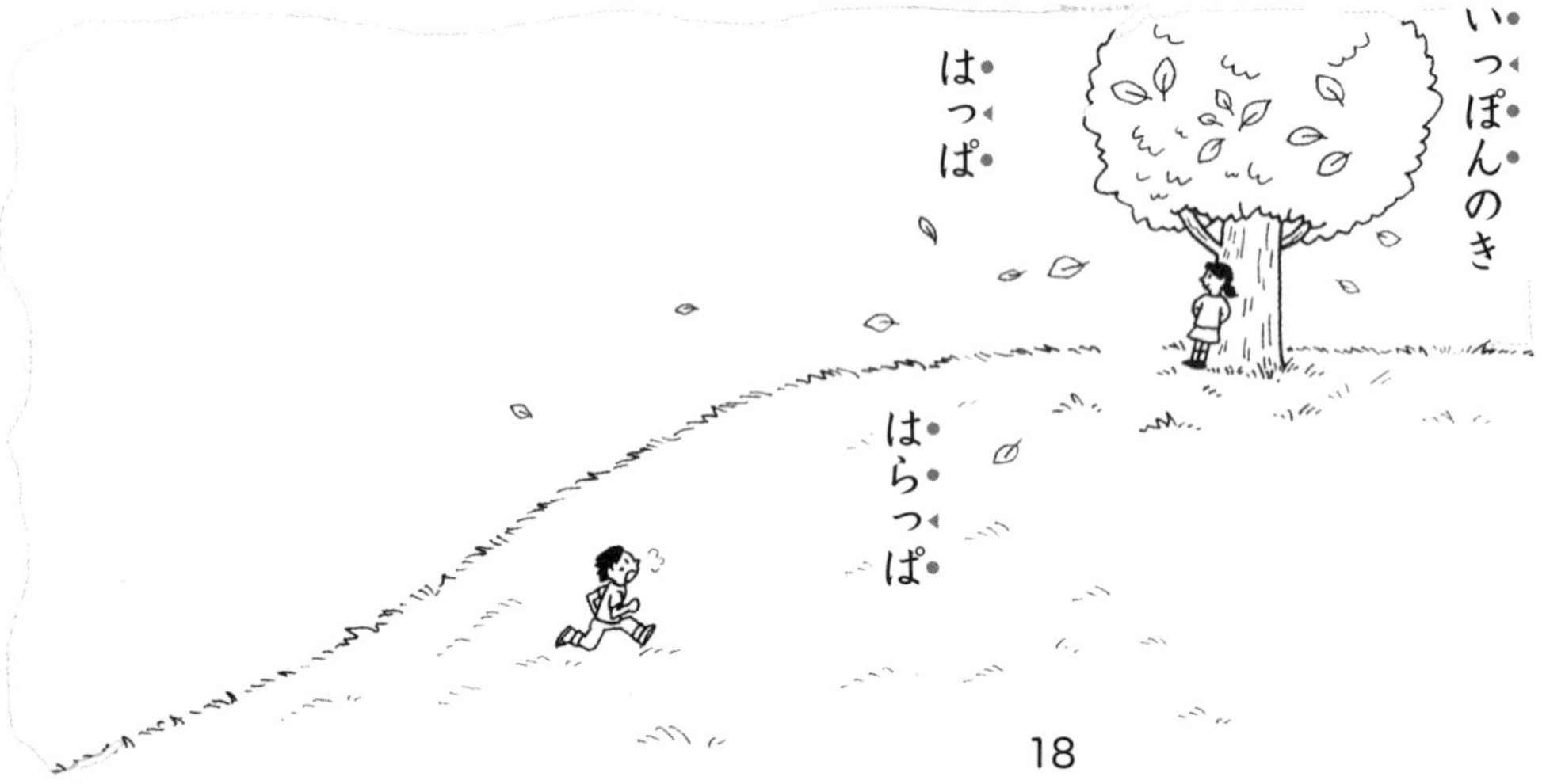

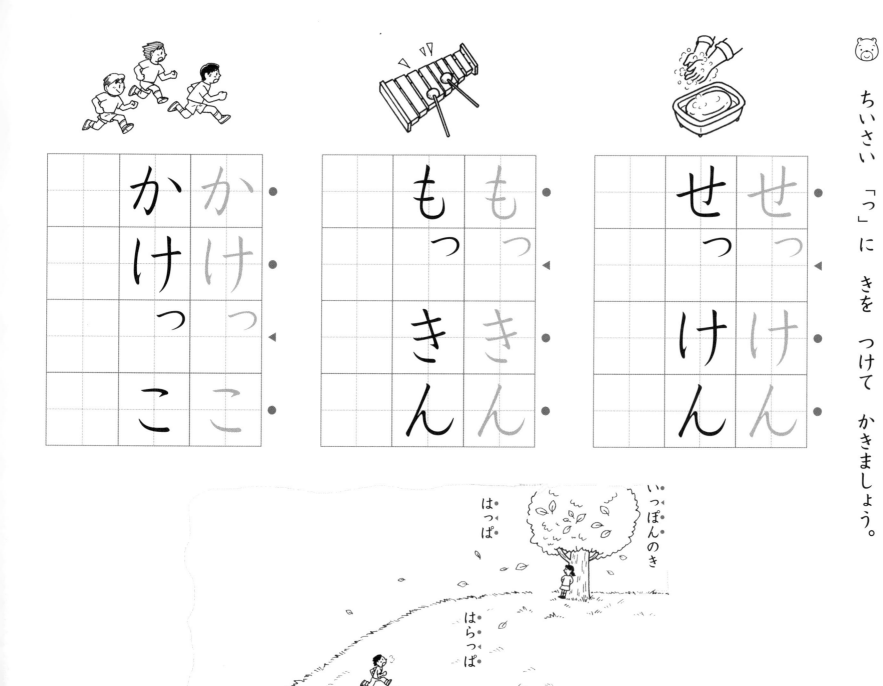

ちいさい「っ」

たくさん かこう（4もじ）①B

なまえ

ちいさい「っ」に きを つけて かきましょう。

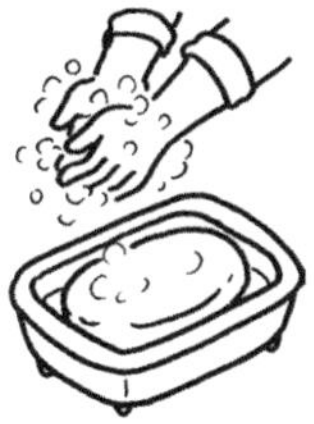

せっけん

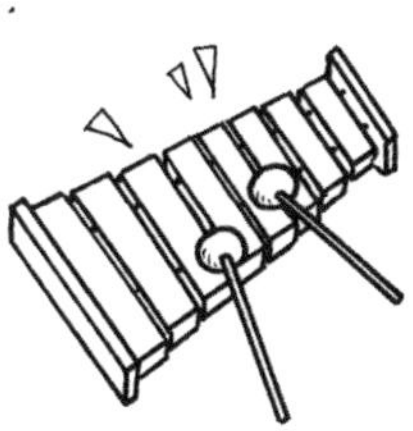

もっきん

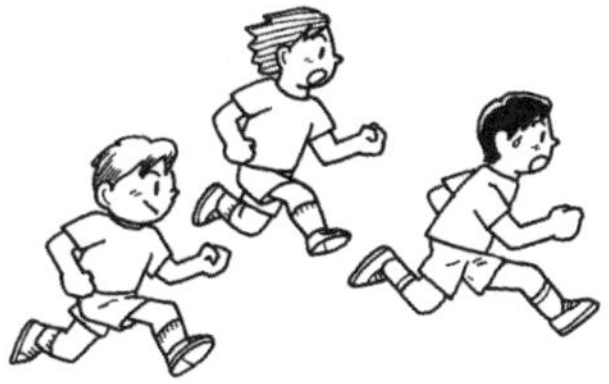

かけっこ

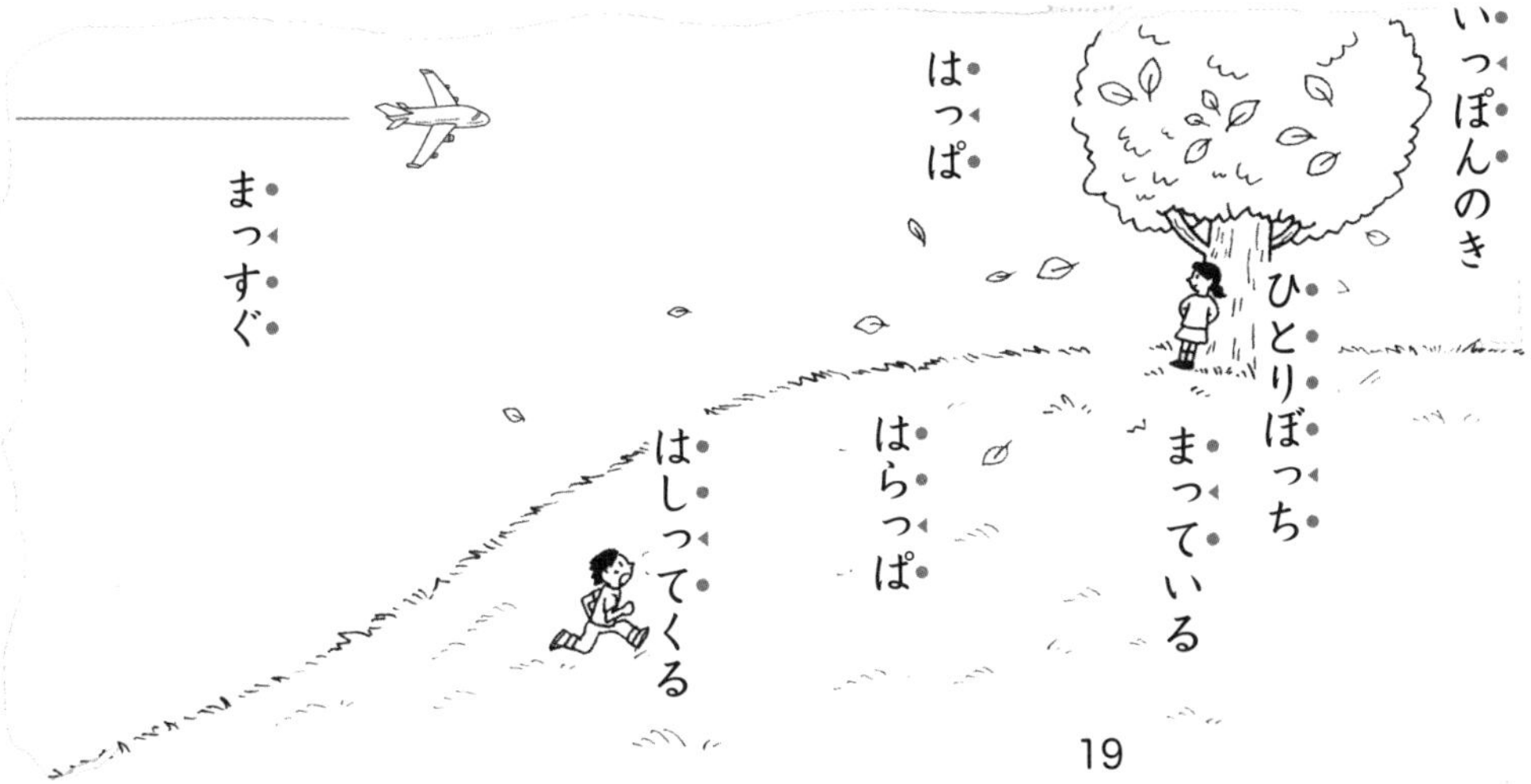

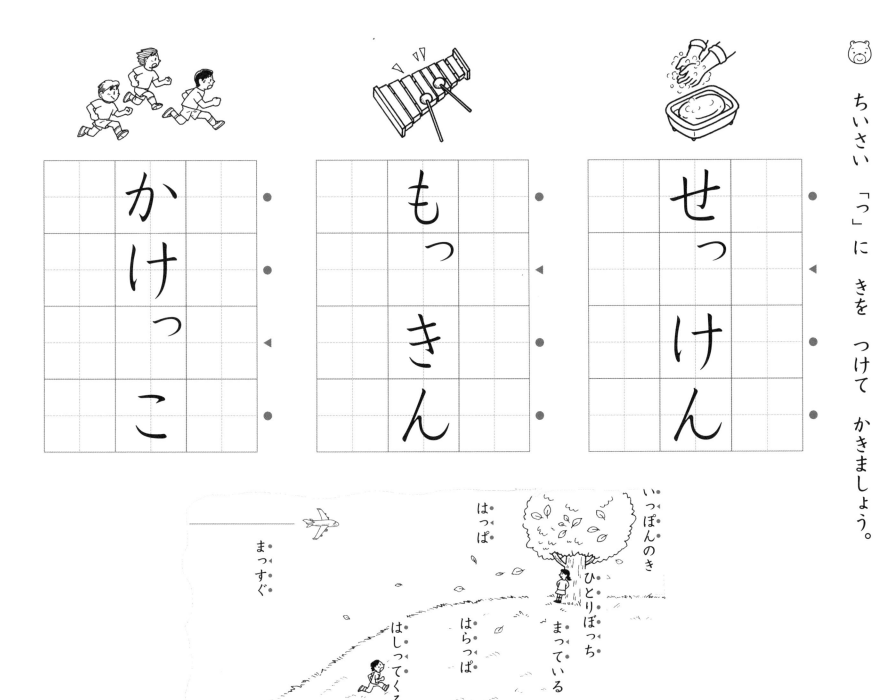

ちいさい「っ」
たくさん かこう（4もじ）② A

なまえ

ちいさい 「っ」に きを つけて かきましょう。

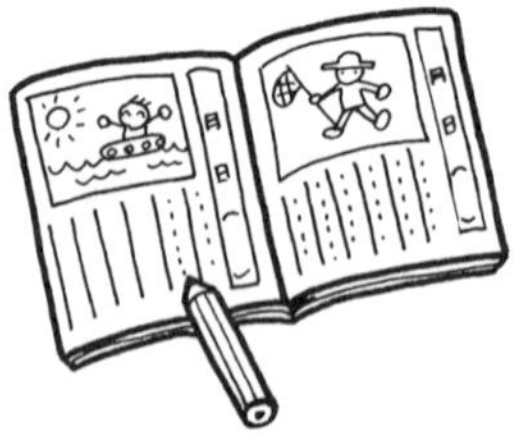

えにっき

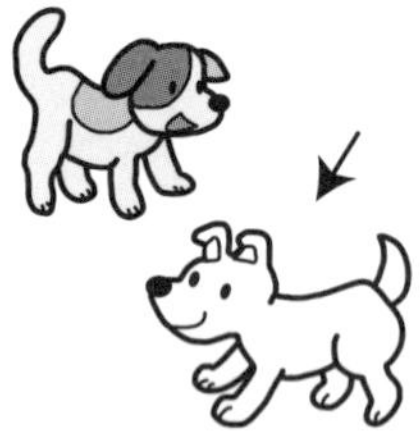

まっしろ

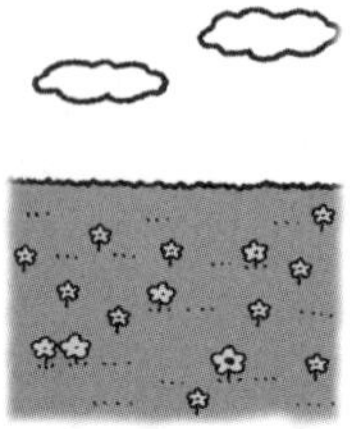

はらっぱ

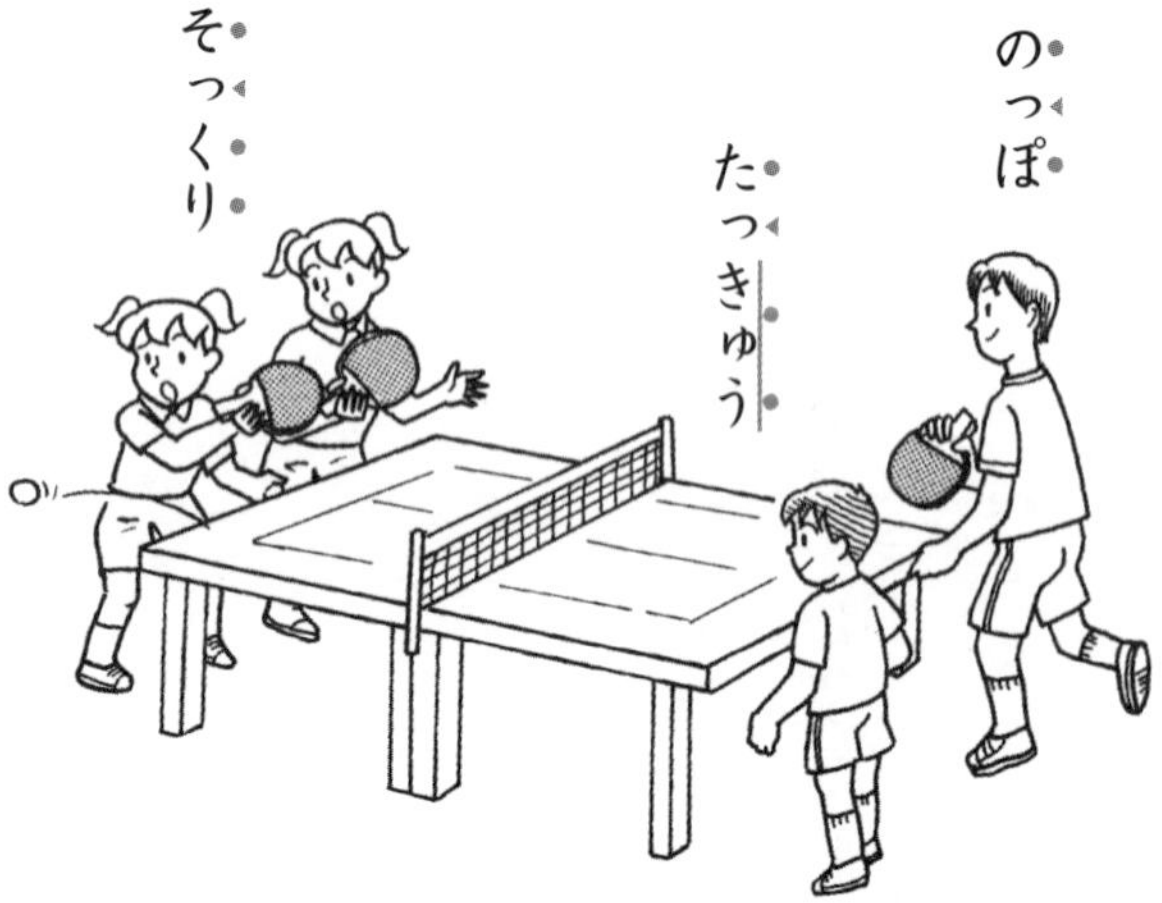

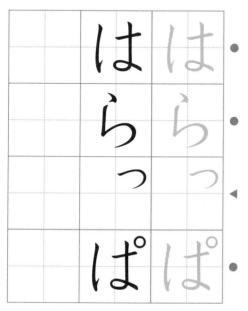

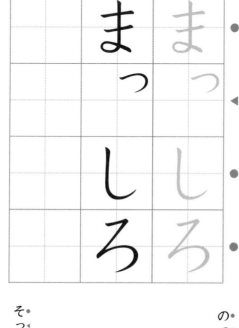

ちいさい「っ」 たくさん（4もじ）かこう ②B

なまえ

ちいさい「っ」に きを つけて かきましょう。

えにっき

まっしろ

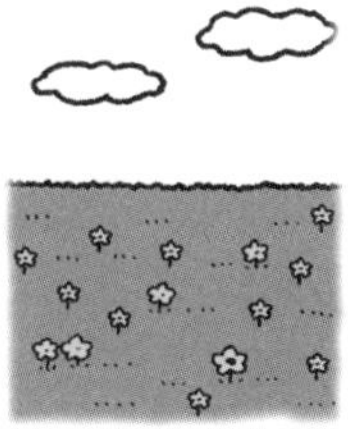

はらっぱ

ちいさい「っ」
かけるかな①A

なまえ

□に　あてはまる　もじを　いれて、えに　あう　ことばを　ひらがなで　かきましょう。

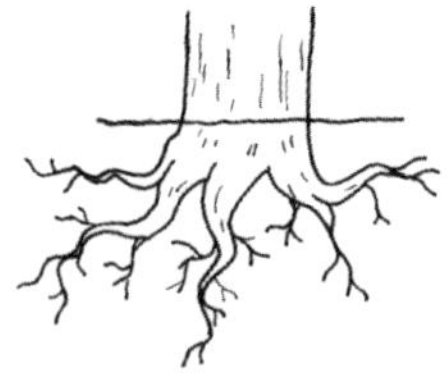

ね□こ

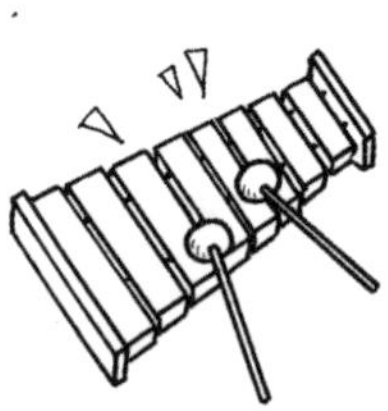

も□きん

ば□た

か□け□こ

ら□ぱ

えに□き

にらめっこ　しましょ
わらうと　まけよ
あっぷっぷ

ちいさい「っ」

かけるかな①B

なまえ

ちいさい「っ」に きを つけて、えに あう ことばを ひらがなで かきましょう。

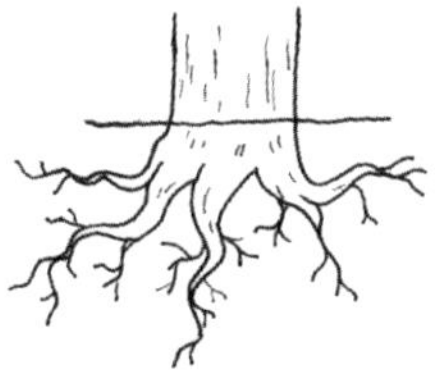

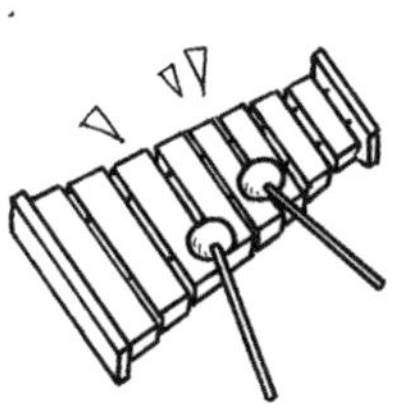

にらめっこ しましょ
わらうと まけよ
あっぷっぷ

おにごっこ

おっとせい

ちいさい「っ」
かけるかな②A

なまえ

□に　あてはまる　もじを　いれて、えに　あう　ことばを
ひらがなで　かきましょう。

せ□けん

は□ぱ

し□ぽ

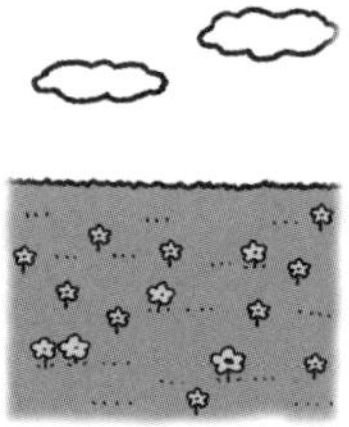

はら□ぱ

ま□しろ

にらめ□こ

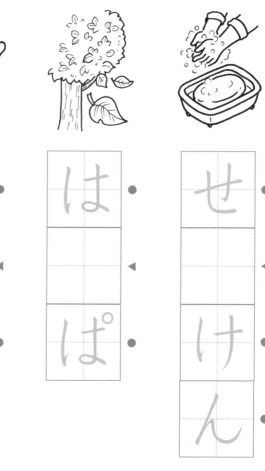

ちいさい「っ」

かけるかな ② B

なまえ

ちいさい「っ」に きを つけて、えに あう ことばを ひらがなで かきましょう。

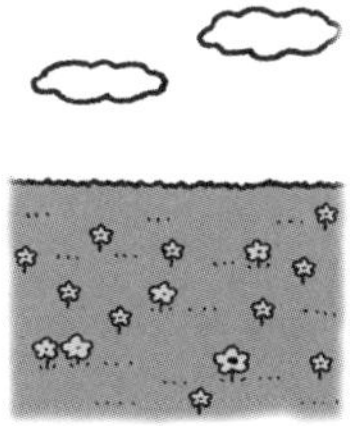

いっけんや

ひっこし

すえっこ

いっぴき

はっけん

いっぱい

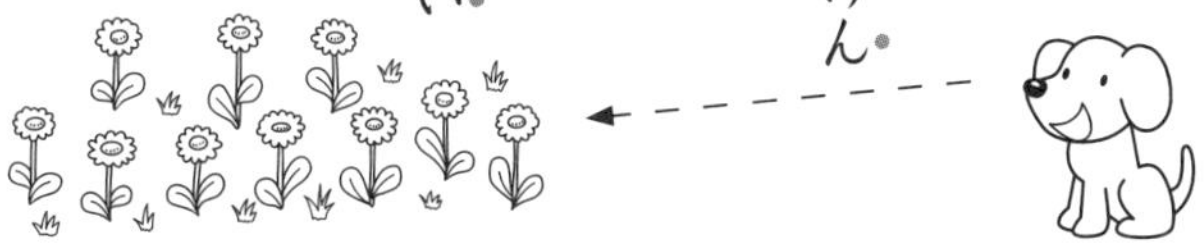

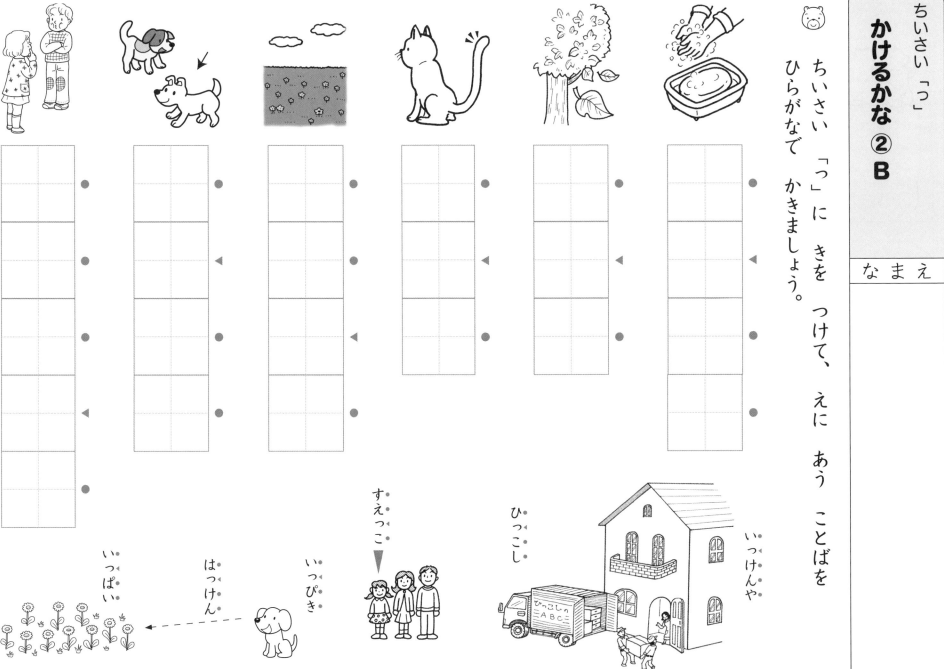

ちいさい「っ」

ちいさい「っ」が あるかな ①

なまえ

ちいさい「っ（ッ）」が つく ことばに ○を しましょう。

ちいさい「っ」

ちいさい「っ」があるかな②

なまえ

ちいさい「っ（ッ）」がつくことばに○をしましょう。

（○）

（　）

（　）

（　）

（　）

（　）

（　）

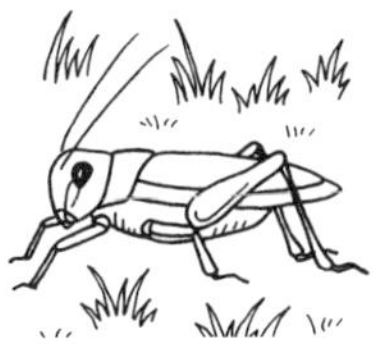
（　）

（　）

（　）

（　）

（　）

（　）

（　）

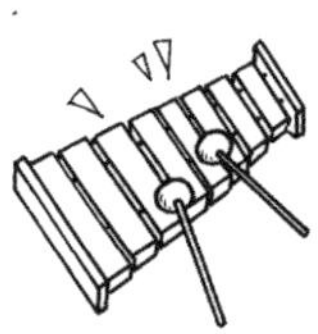
（　）

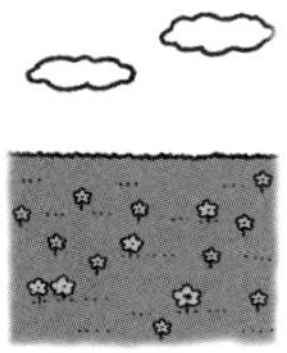
（　）

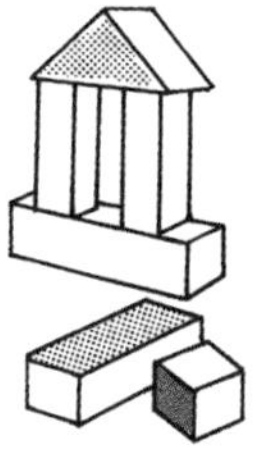
（　）

（　）

ちいさい「っ」

ちいさい「っ」が あるかな ③

なまえ

ちいさい「っ（ッ）」が つく ことばに ○を しましょう。

ちいさい「っ」

おとの かず ①

なまえ

おとの かずだけ ○を ぬりましょう。

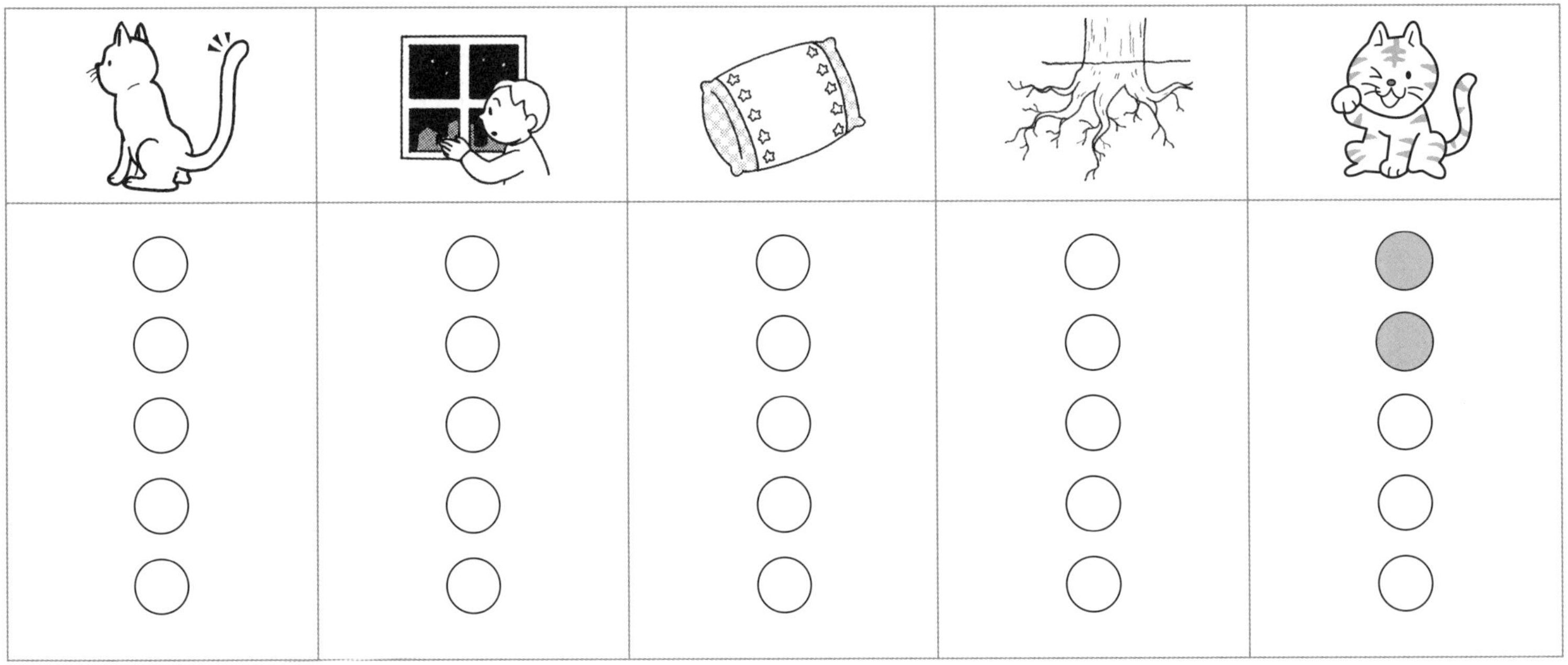

ちいさい「っ」
おとの　かず　②

なまえ

おとの　かずだけ　○を　ぬりましょう。

○	○	○	○	○
○	○	○	○	○
○	○	○	○	○
○	○	○	○	○
○	○	○	○	○

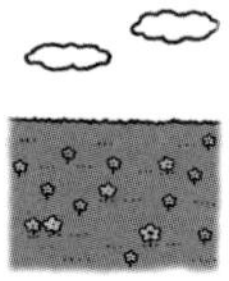				
○	○	○	○	○
○	○	○	○	○
○	○	○	○	○
○	○	○	○	○
○	○	○	○	○

ちいさい「っ」
おとの かず ③

なまえ

おとの かずだけ ○を ぬりましょう。

○ ○ ○ ○ ○	○ ○ ○ ○ ○	○ ○ ○ ○ ○	○ ○ ○ ○ ○	○ ○ ○ ○ ○

				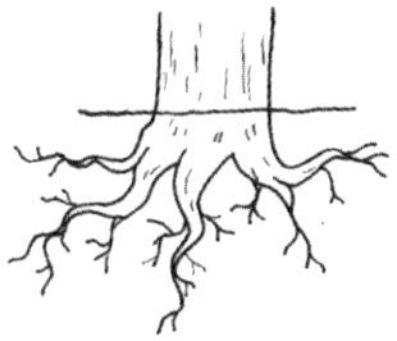
○ ○ ○ ○ ○	○ ○ ○ ○ ○	○ ○ ○ ○ ○	○ ○ ○ ○ ○	○ ○ ○ ○ ○

ちいさい「っ」

おとの かず④

なまえ

おとの かずだけ ○を ぬりましょう。

				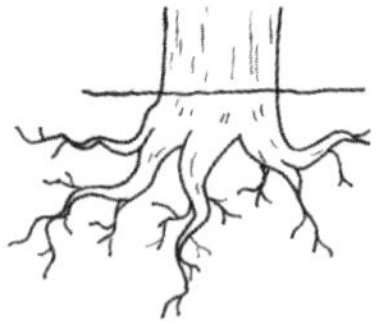
○ ○ ○ ○ ○	○ ○ ○ ○ ○	○ ○ ○ ○ ○	○ ○ ○ ○ ○	○ ○ ○ ○ ○

		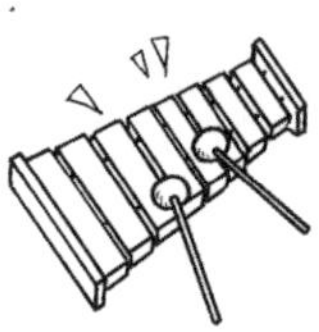		
○ ○ ○ ○ ○	○ ○ ○ ○ ○	○ ○ ○ ○ ○	○ ○ ○ ○ ○	○ ○ ○ ○ ○

ちいさい「っ」

ただしい ことばを えらぼう

なまえ

えに あう ことばは どれでしょう。
ただしい ものに ◯を しましょう。

①

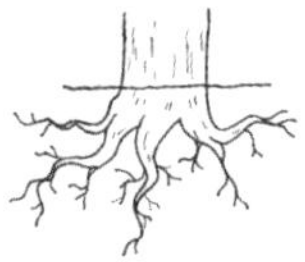

- （　）ねこ
- （◯）ねっこ
- （　）ねつこ

②

- （　）らぱ
- （　）らぱっ
- （　）らっぱ

③

- （　）らこ
- （　）らっこ
- （　）らこっ

④

- （　）きて
- （　）きつて
- （　）きって

⑤

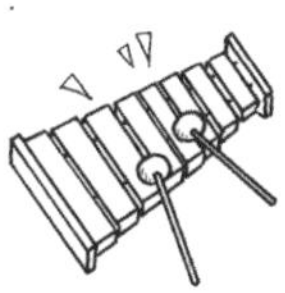

- （　）もきん
- （　）もきっん
- （　）もっきん

⑥

- （　）まっくら
- （　）まくら
- （　）まつくら

⑦

- （　）せっけん
- （　）せつけん
- （　）せけん

⑧

- （　）そくっり
- （　）そっくり
- （　）そくり

ちいさい「っ」

どこに「っ」が はいるかな

なまえ

ちいさく かく 「っ」を 一こ ○に いれて、えに あう ことばに しましょう。

①

し(っ)ぽ

②
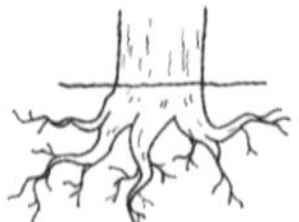
ね○こ

③

か○ぱ

④

は○ぱ

⑤
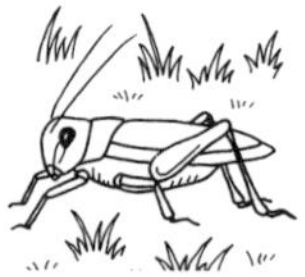
ば○た

⑥

き○く

⑦

か○け(っ)こ

⑧

え○に○き

⑨

ま○し○ろ

⑩
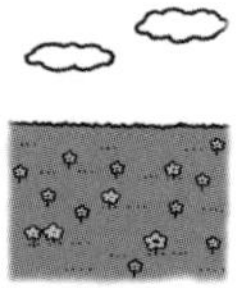
は○ら○ぱ

⑪

に○ら○め○こ

⑫

お○に○ご○こ

ちいさい「っ」

ことばあそび もじを つなごう

なまえ

えを みて □に もじを かきましょう。

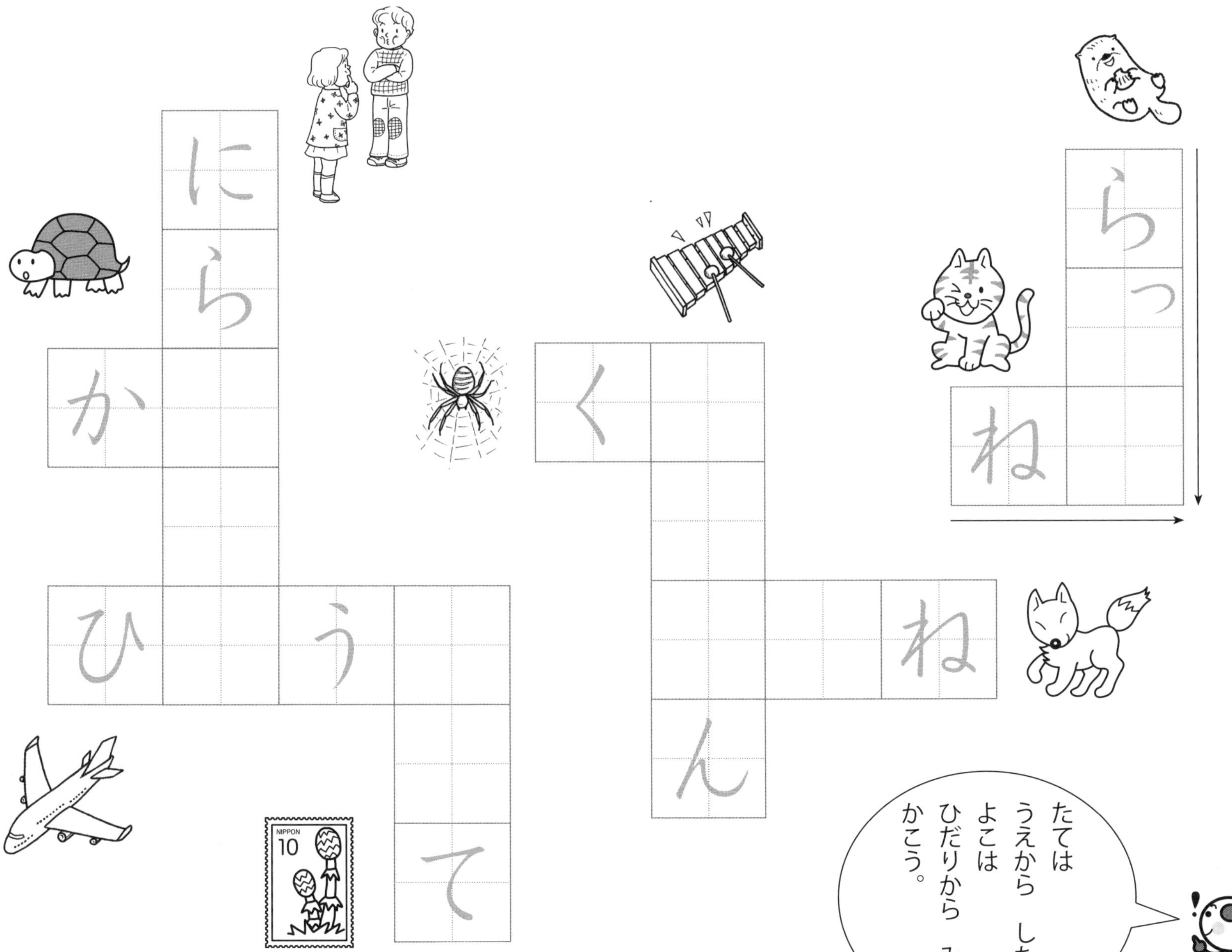

たては うえから したへ
よこは ひだりから みぎへ
かこう。

ちいさい「っ」
ことばあそび めいろ

なまえ

えに あう ただしい ことばを えらんで すすみましょう。

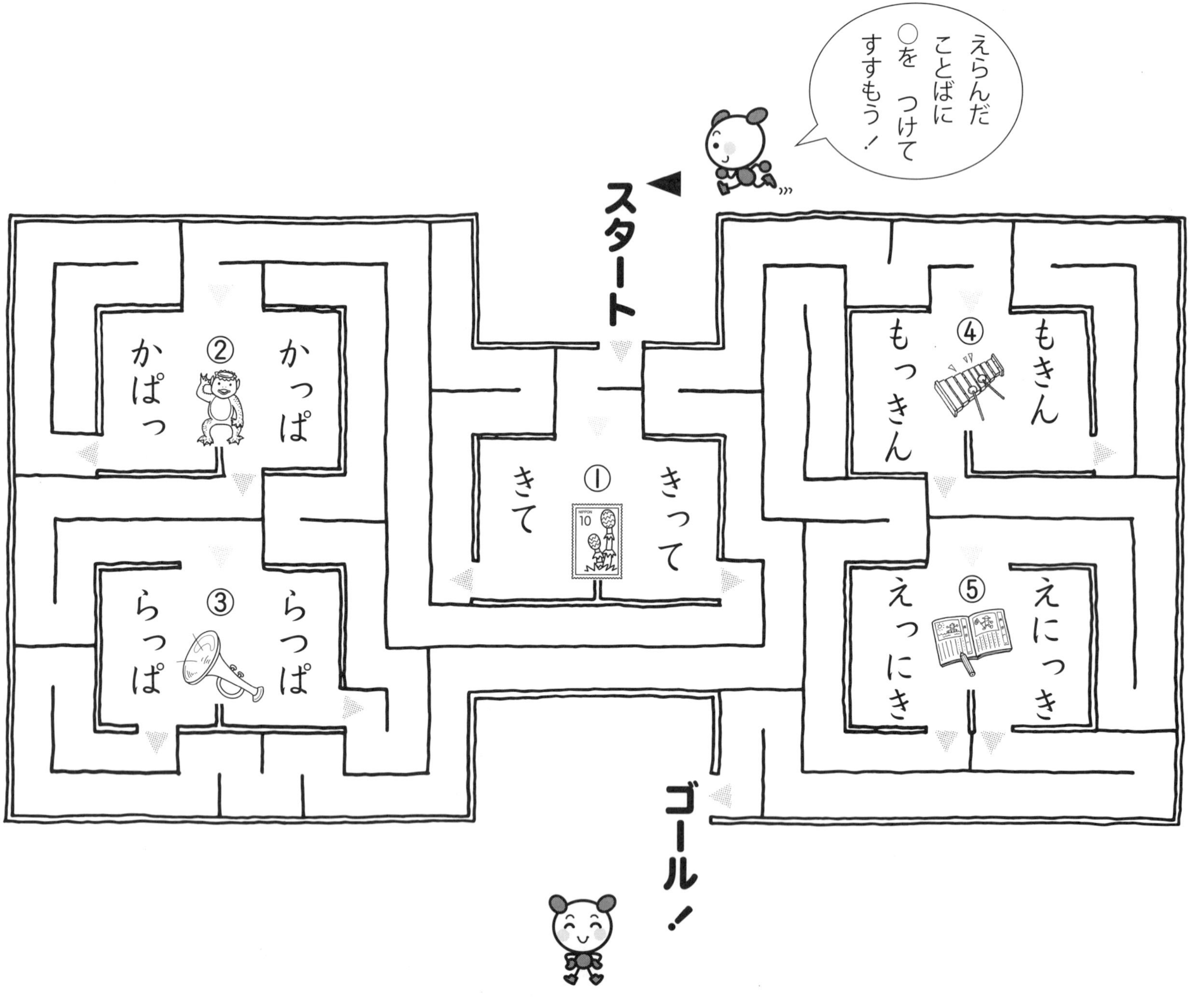

ちいさい「っ」

ことばあそび　さがしてみよう（1れつ）①

なまえ

ちいさい「っ」の　つく　ことばを　さがして　▭　で　かこみましょう。

①	②
4こ	4こ
かつねっこあるらっこよばったいせっけんか	さもっきんほはっぱけらっぱりよつえにっき

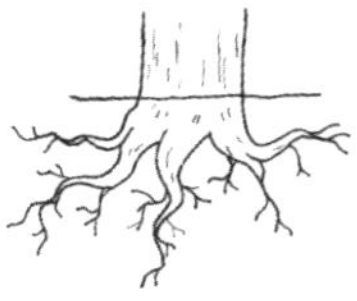

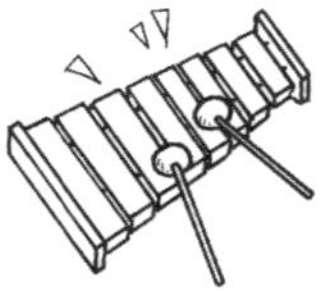

ことばの　かず

えを　ヒントに　さがしてみよう。

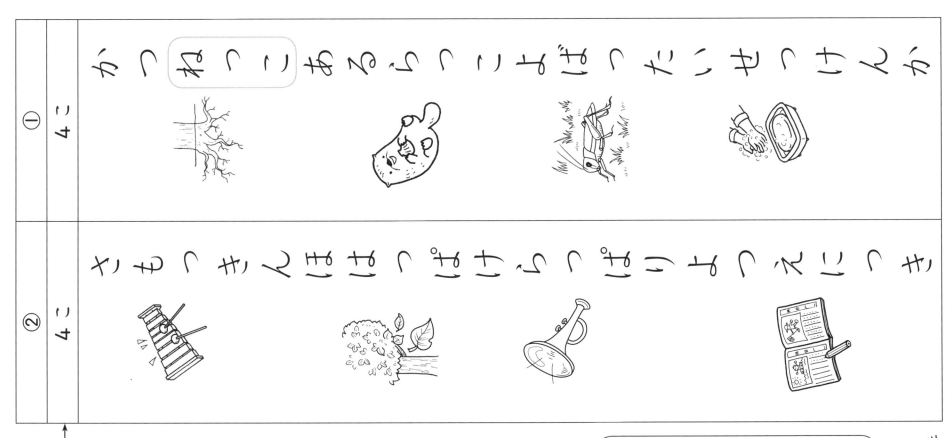

ちいさい「っ」

ことばあそび　さがしてみよう（１れつ）②

なまえ

どうぶつを　あらわす　ことばを　さがして　▢で　かこみましょう。

①	②
4こ	5こ
いきらっこそねころかさるあきつねわれんの	あいるかつぞうすおっとせいざきりんにいぬ

ことばの　かず

さがしたら
えに　○を
つけよう。

ちいさい「っ」

ことばあそび　さがしてみよう（1れつ）③

なまえ

ちいさい「っ」の　つく　ことばを　さがして　［　］で　かこみましょう。

①	3こ	れこかっぱらぱせっけんぐるもっきんつやし
②	3こ	かけっこるつらっぱふよきぼねんきってさ
③	3こ	わおにごっこずれしっぽばあえにっきつくみ
④	3こ	まくちきっぷべらきっくるつせにらめっこゆ

→ ことばの　かず

さがしたら
えに　○を
つけよう。

ちいさい「っ」

ことばあそび　さがしてみよう（1れつ）④

なまえ

どうぶつを　あらわす　ことばを　みつけて　（　）で　かこみましょう。

①	4こ	わねこんさきつねれるいりすせしまうまやち
②	4こ	どくまちみさらっこいしにわとりむるごりら
③	4こ	えにぶたつほうさぎよけぱんだてきひつじそ
④	4こ	あおっとせいそちさるめはたぬきくすうしざ

ことばの　かず

さがしたら えに ○を つけよう。

ちいさい「ッ」

カタカナで かこう① A

なまえ

えを みて カタカナで ことばを かきましょう。

コロッケ

チキンナゲット

ヨット

ベッド

バット

ロケット

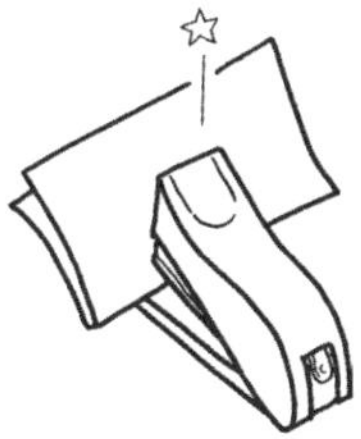
ホッチキス

カスタネット

ちいさい「ッ」

カタカナで かこう① B

なまえ

ちいさい「ッ」に きを つけて、えに あう ことばを カタカナで かきましょう。

コロッケ

サンドイッチ

チキンナゲット

ホットドッグ

クロワッサン

ポテトチップス

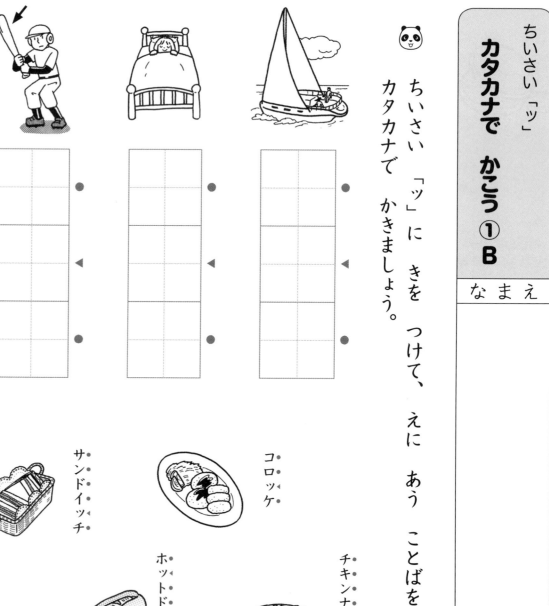

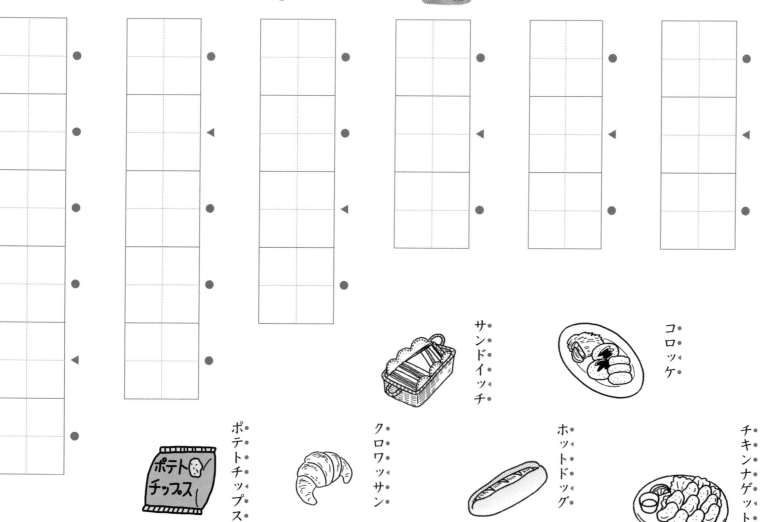

ちいさい「ッ」

カタカナで　かこう ② A

なまえ

えを　みて　カタカナで　ことばを　かきましょう。

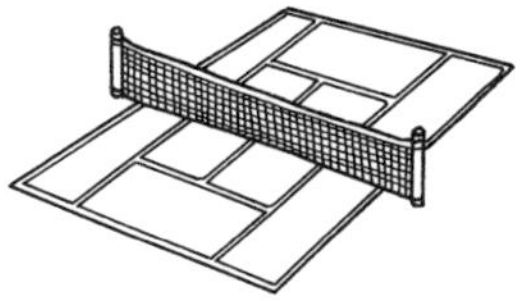

ネット

ラケット

コップ

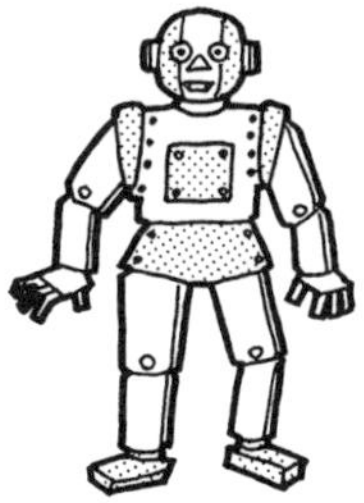

ロボット

ポケット

トラック

ビスケット

パイナップル

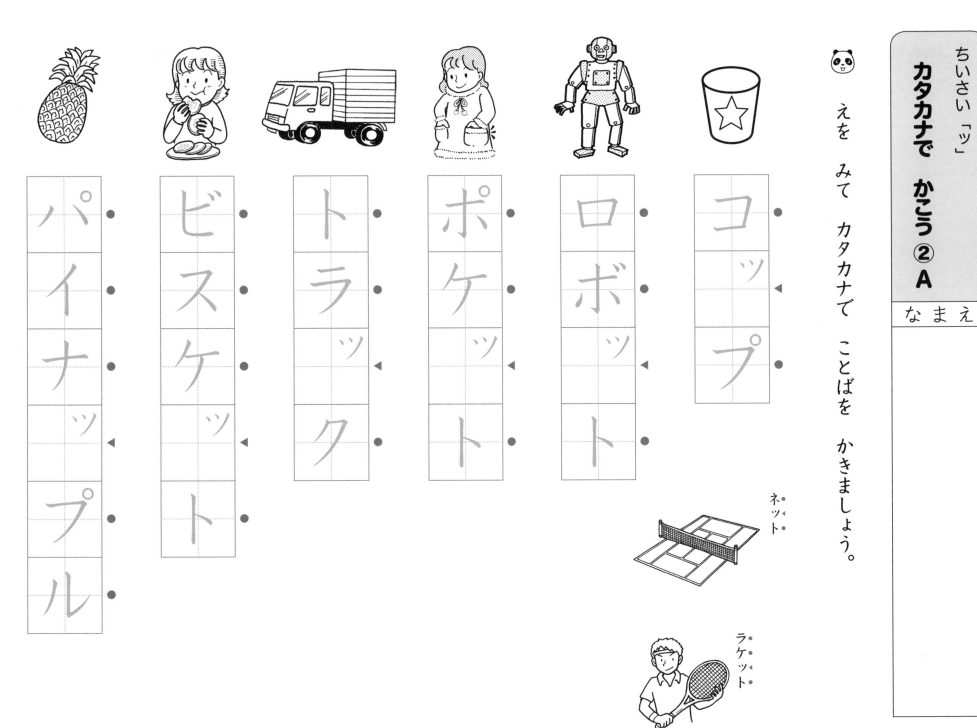

ちいさい「ッ」

カタカナで かこう ② B

なまえ

ちいさい「ッ」に きを つけて、えに あう ことばを カタカナで かきましょう。

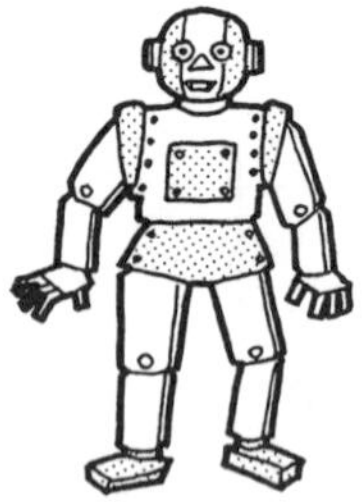

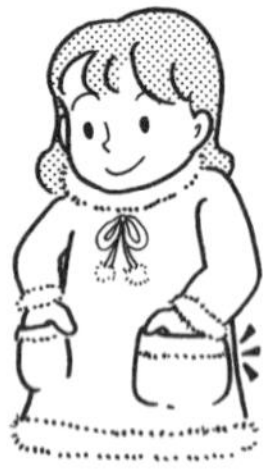

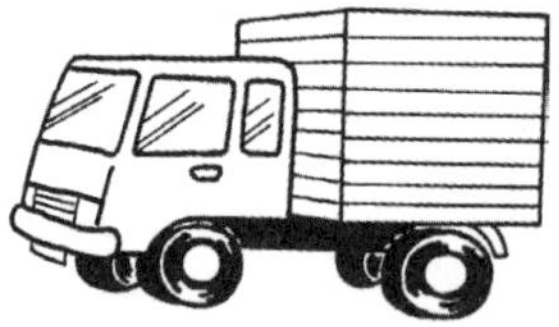

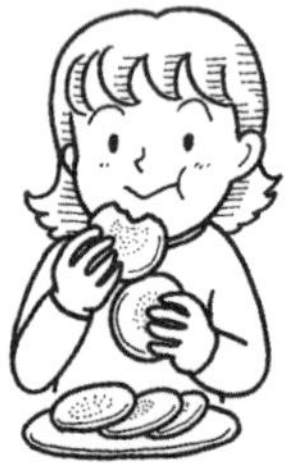

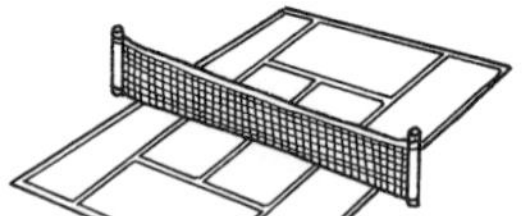

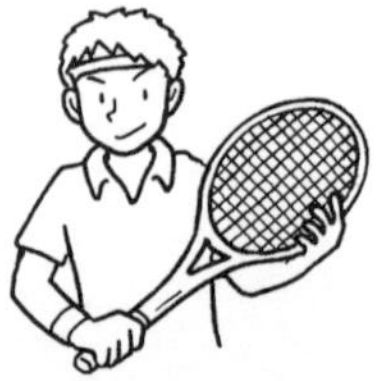

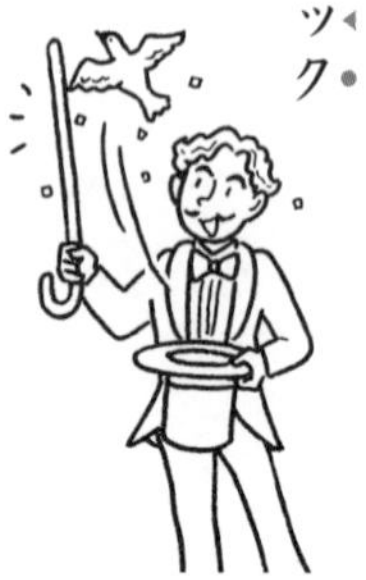

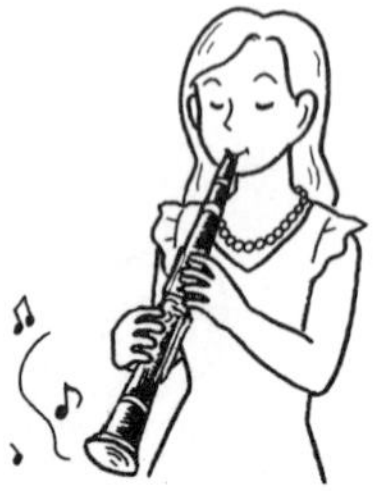

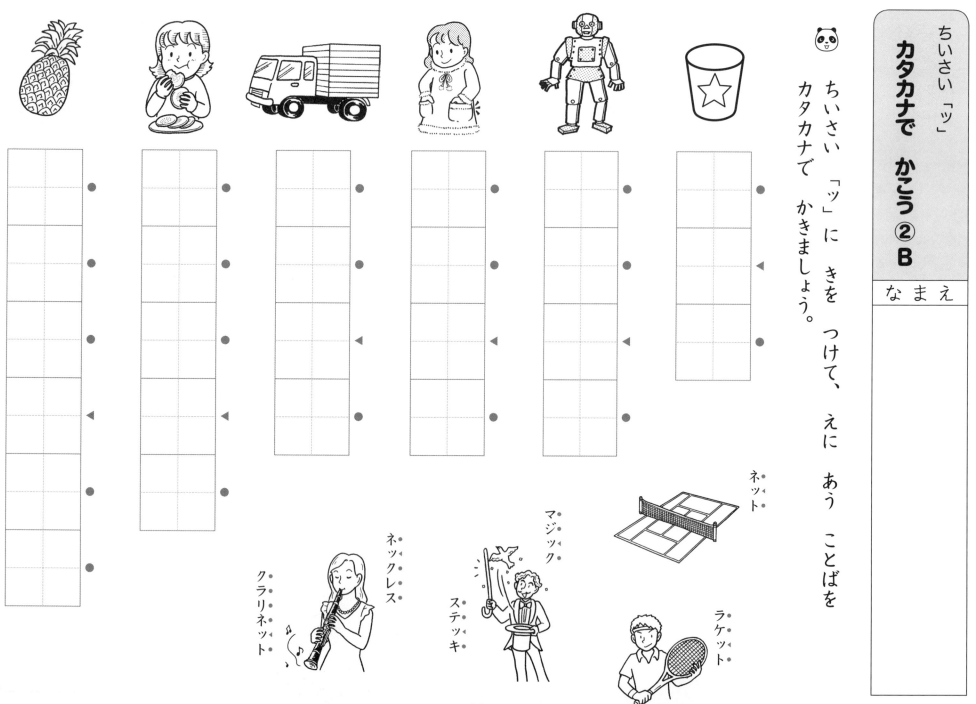

のばす　おん

よんで　かいてみよう（あだん・いだん）

なまえ

ことばを　よんで　ひらがなを　なぞりましょう。

おばさん

おばあさん

おかあさん

おじさん

おじいさん

おにいさん

□の　ところは、のばして　よもう。

のばす　おん

たくさん　かこう
（あだん）

なまえ

えを　みて　ひらがなで　ことばを　かきましょう。
のばす　おんに　きを　つけましょう。

おばさん

おばあさん

おかあさん

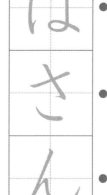

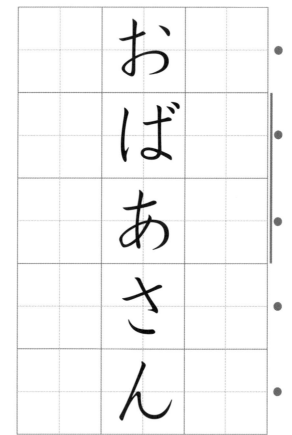

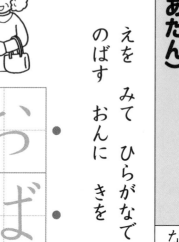

のばす　おん

たくさん　かこう
(いだん)

なまえ

えを　みて　ひらがなで　ことばを　かきましょう。
のばす　おんに　きを　つけましょう。

おじさん

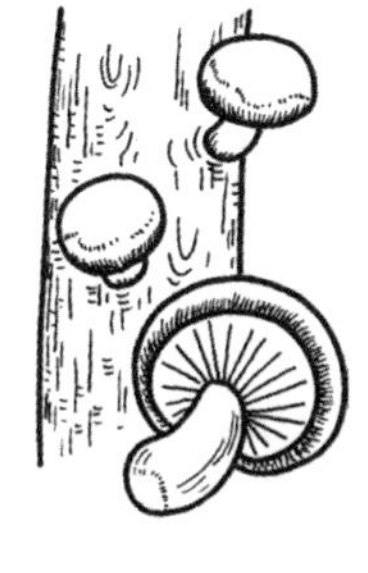

しいたけ

おじいさん

おにいさん

のばす　おん

よんで　かいてみよう（うだん）

なまえ

ことばを　よんで　ひらがなを　なぞりましょう。

ゆうひ

ゆうびん

ゆうえんち

すうじ

ふうせん

くうきいれ

せんぷうき

のばす おん

たくさん かこう（うだん）①

なまえ

のばす おんに きを つけて かきましょう。

ゆうひ

ゆうびん

ゆうえんち

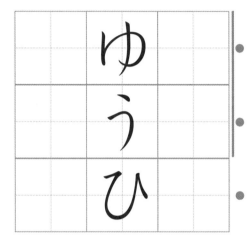

ぐうで まけ…。
ぱあの かち！

ゆうがた
さんすう、おしえて！

のばす おん

たくさん かこう (うだん) ②

なまえ

のばす おんに きを つけて かきましょう。

すうじ

ぐう

ふうせん

ふうりん

せんぷうき

のばす　おん

よんで　かいてみよう（えだん）①

なまえ

えを　みて　ひらがなで　ことばを　かきましょう。

おねえさん

のばす　おん「え」に　きを　つけて　かきましょう。

おねえさん

おねえさん

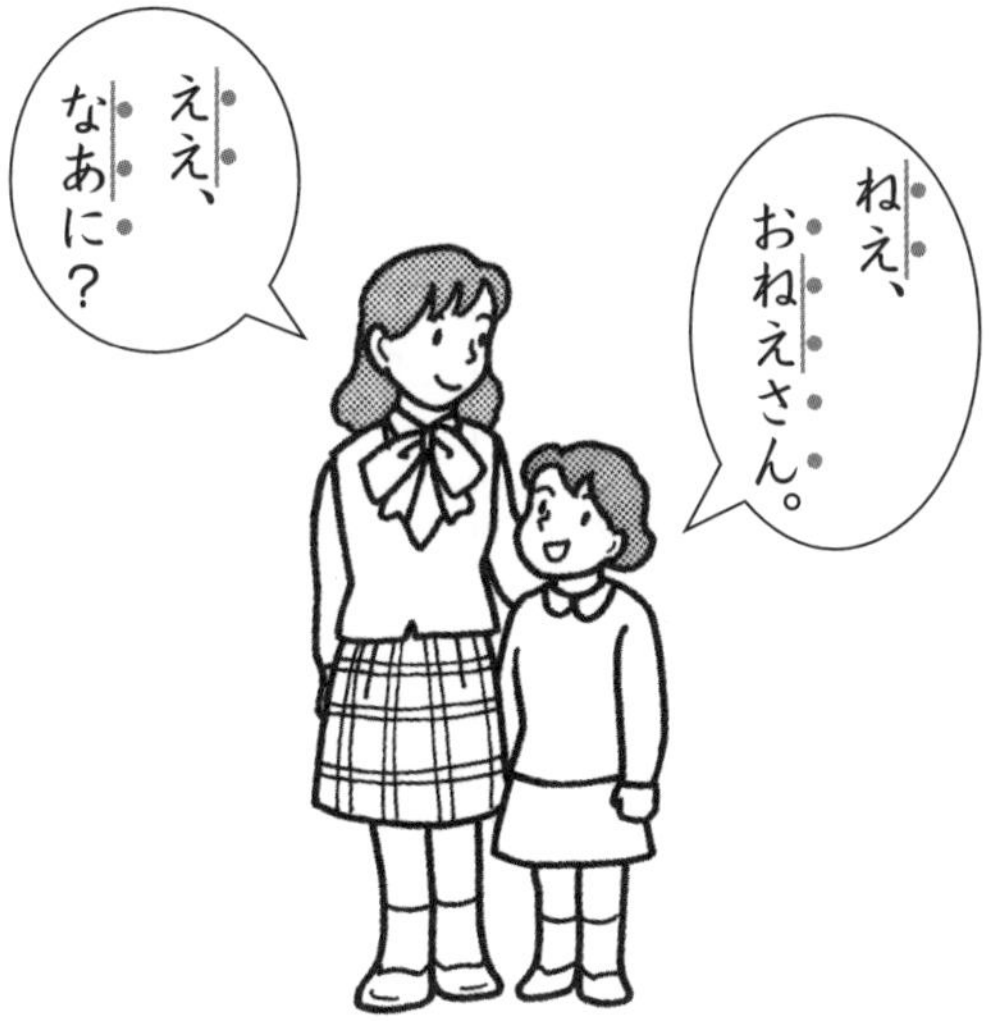

ねえ、おねえさん。
ええ、なあに？

のばす　おん

よんで　かいてみよう（えだん）②

なまえ

のばす　おんに　きを　つけて　かきましょう。

とけい

けいと

せんせい

えいが

ゆうれい

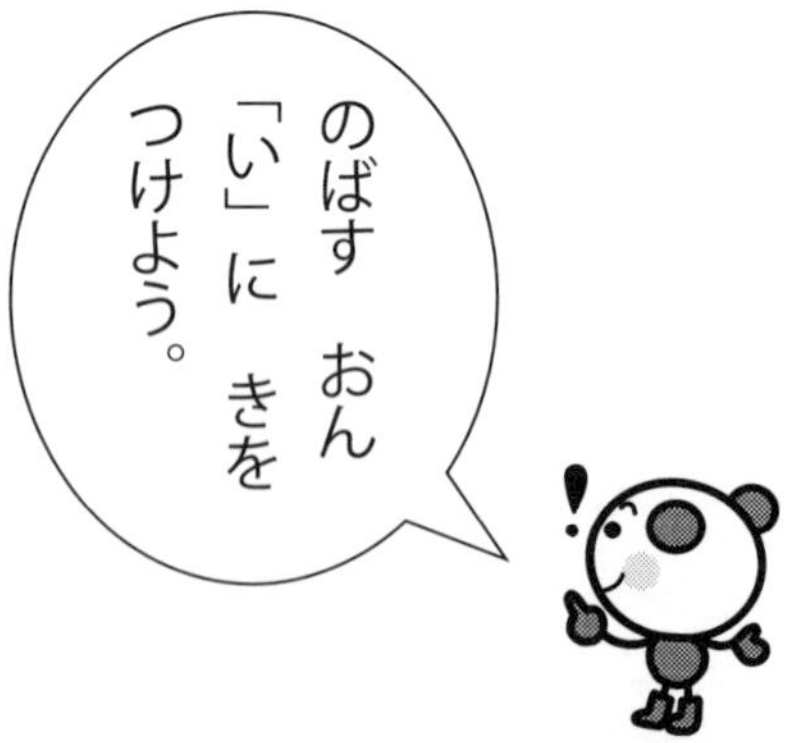

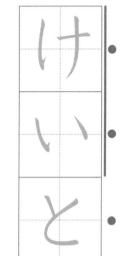

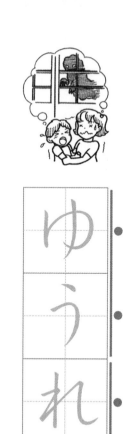

のばす　おん

たくさん　かこう（えだん）①

なまえ

のばす　おんに　きを　つけて　かきましょう。

とけい

けいと

せんせい

せんべい

せいくらべ

おっとせい

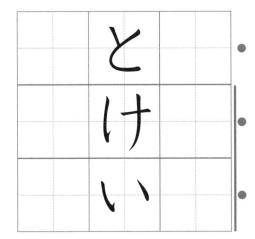

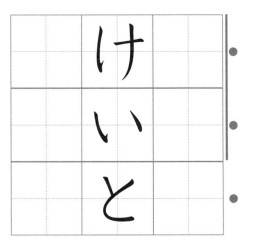

のばす おん

たくさん かこう（えだん）②

なまえ

のばす おんに きを つけて かきましょう。

えいが

ゆうれい

せいくらべ

えいご

めいろ

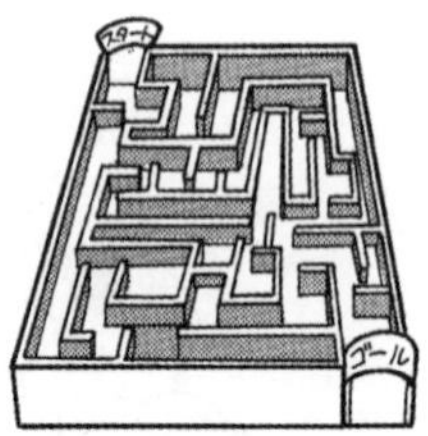

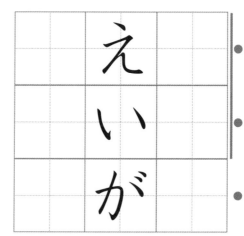

のばす　おん

かけるかな（えだん）A

なまえ

えを　みて　ひらがなで　ことばを　かきましょう。
あいている □には い か え を　いれましょう。

お ね □ さ ん

せ ん せ □

と け □

ゆ う れ □

け □ と

せ □ く ら べ

い と え、
どちらが
おおいかな。

のばす　おん

かけるかな（えだん）B

なまえ

のばす　おんに　きを　つけて、えに　あう　ことばを　かきましょう。

のばす　おんに
きを　つけて
かこう。

のばす　おん

ただしい　もじを　えらぼう（えだん）

なまえ

えに　あう　ことばは　どれでしょう。
ただしい　ほうを　○で　かこみましょう。

①

え｛え・い｝が　（い に ○）

②

せんべ｛え・い｝

③

おっとせ｛え・い｝

④

せんせ｛え・い｝

⑤

「ね｛え・い｝、おね｛え・い｝さん。」

「え｛え・い｝、なあに？」

のばす おん

よんで かいてみよう（おだん）

なまえ

ことばを よんで ひらがなを なぞりましょう。

おとうさん

いもうと

おとうと

おうさま

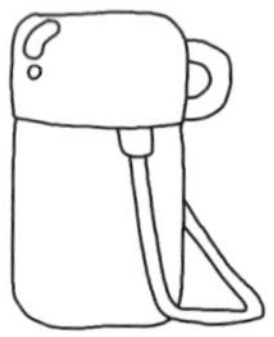

すいとう

ぞう

ぶどう

とうふ

のばす　おん

たくさん（おだん）かこう ①

なまえ

のばす　おんに　きを　つけて　かきましょう。

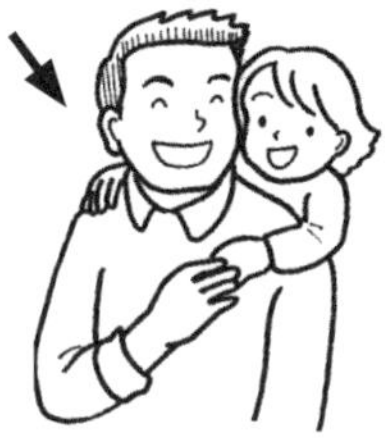

おとうさん

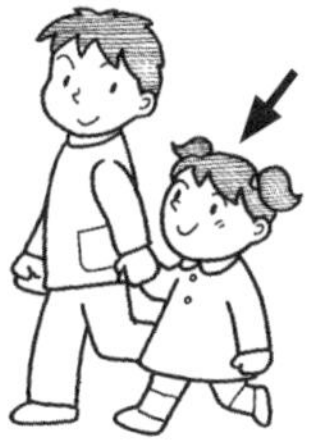

いもうと

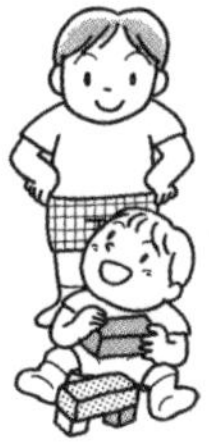

おとうと

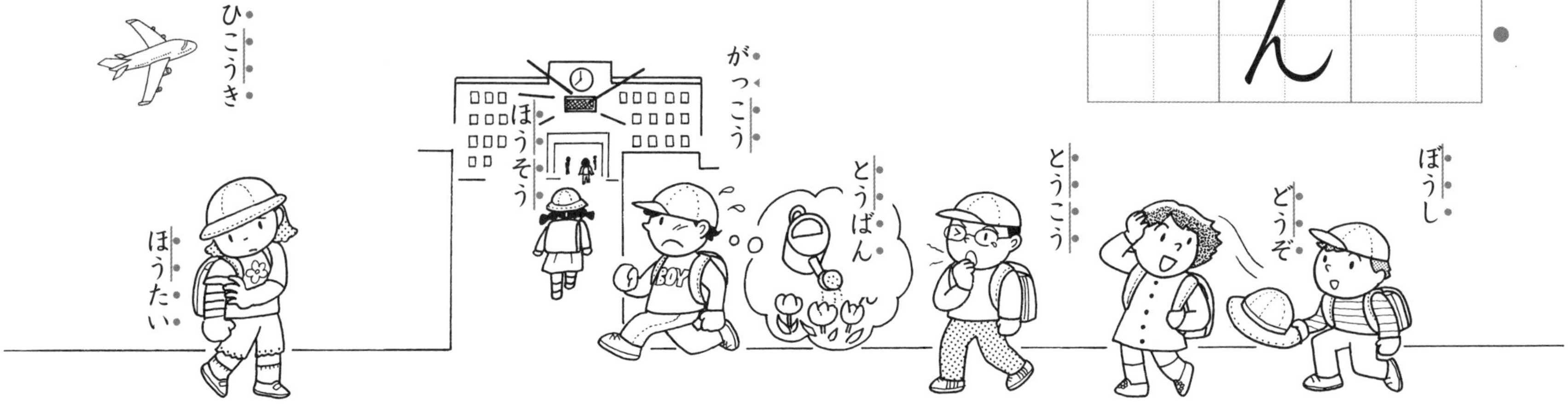

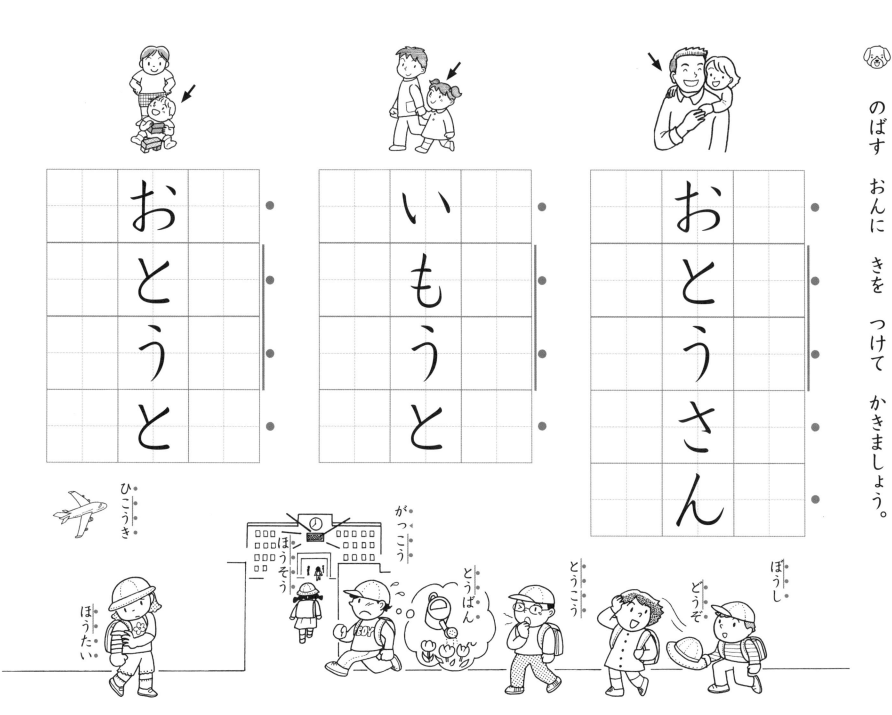

のばす　おん

たくさん　かこう（おだん）②

なまえ

のばす　おんに　きを　つけて　かきましょう。

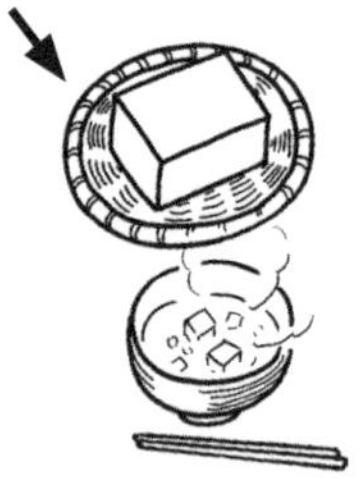

とうふ

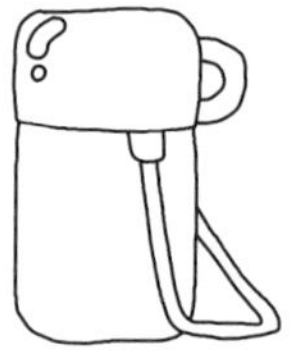

すいとう

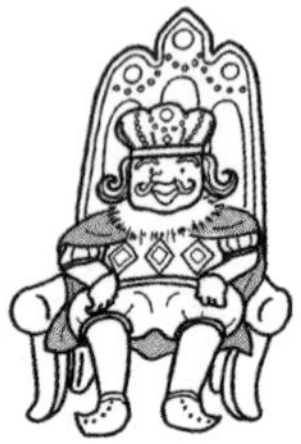

おうさま

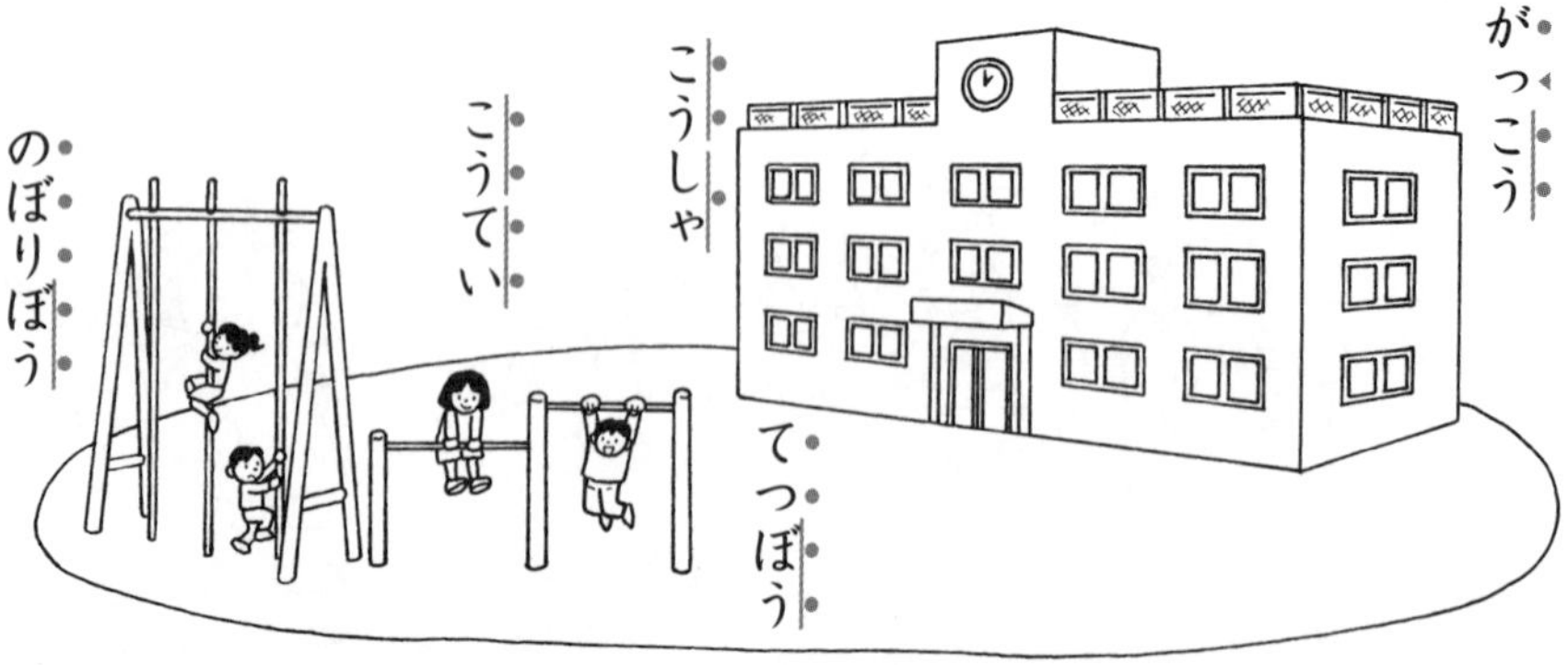

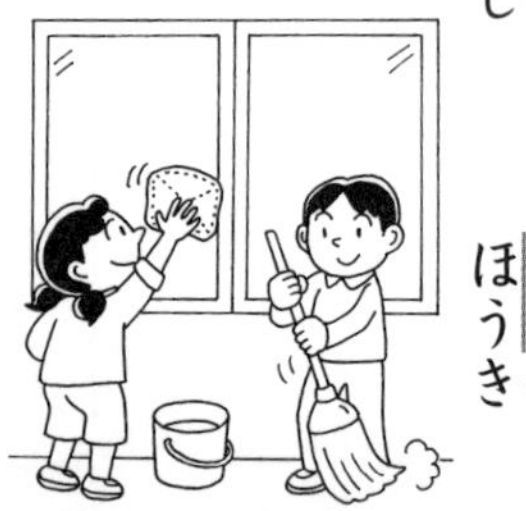

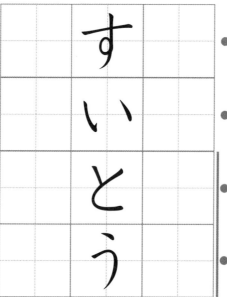

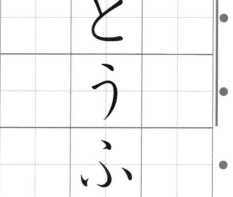

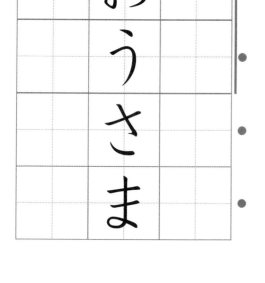

のばす　おん

たくさん（おだん）　かこう　③

なまえ

のばす　おんに　きを　つけて　かきましょう。

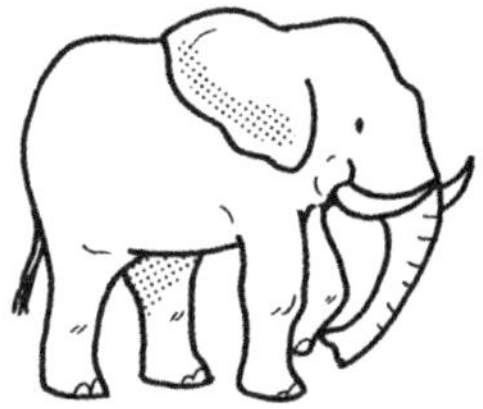

ぞう

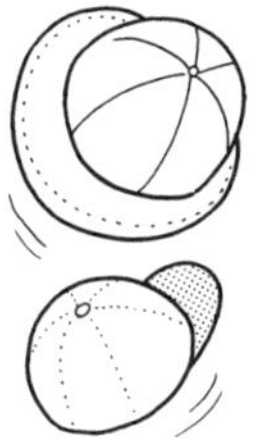

ぼうし

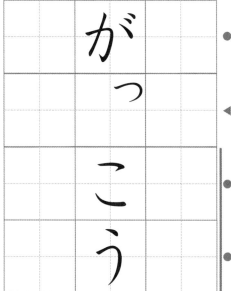

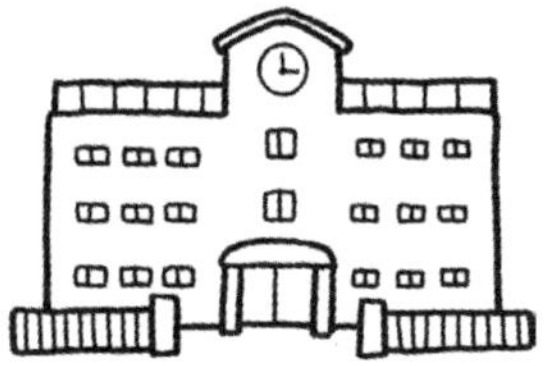

がっこう

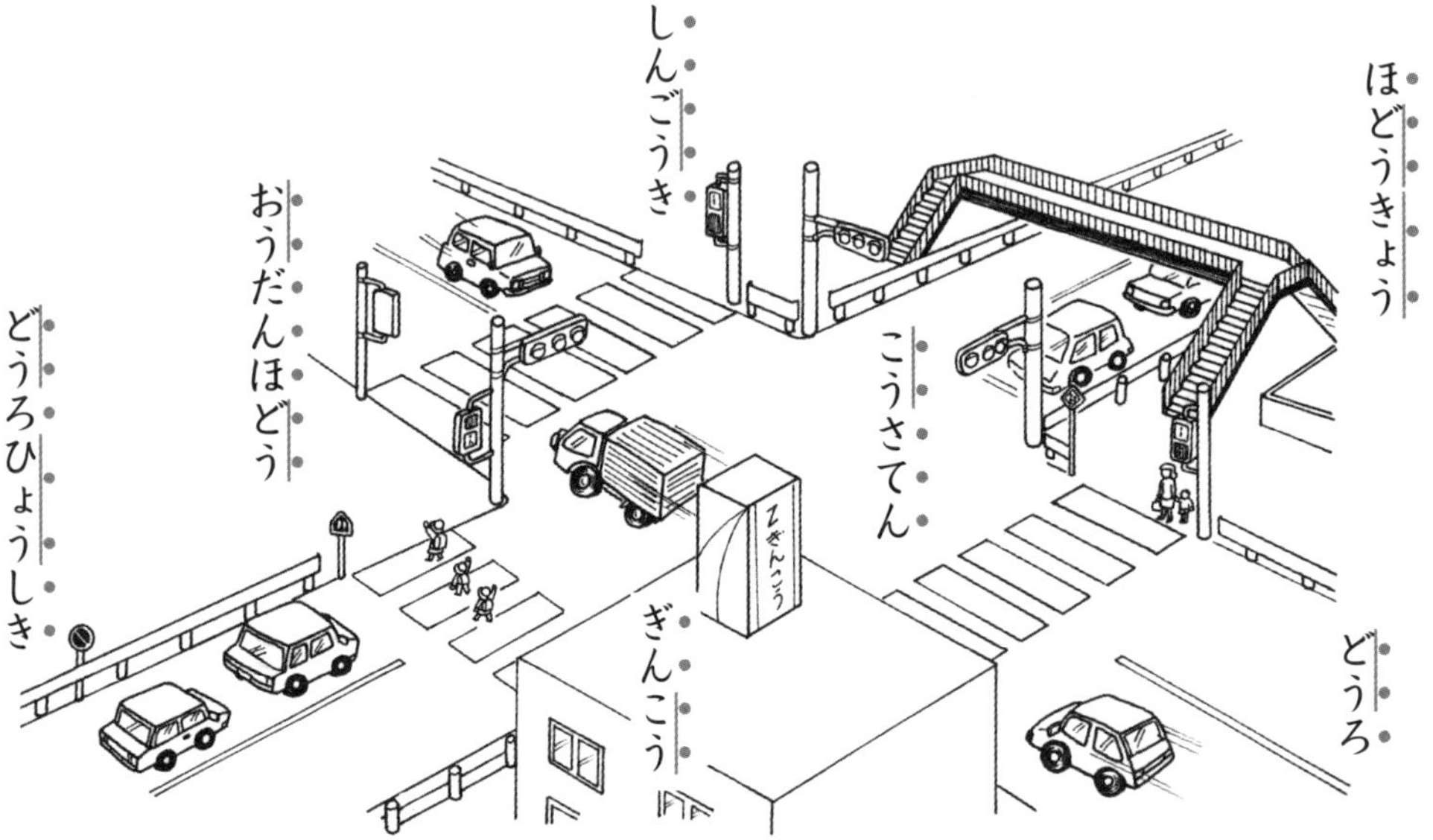

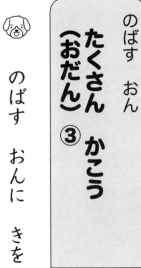

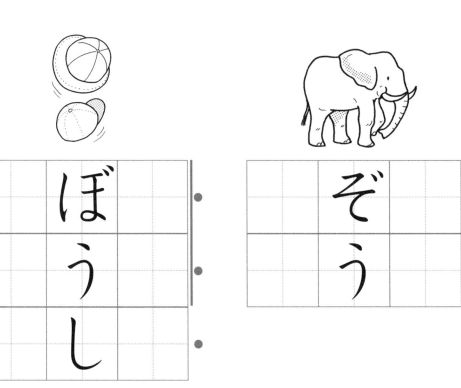

のばす　おん

ぶんを　よんで　かいてみよう
（とくべつな　のばす　おん）

なまえ

すべてを　よんで　□の　もじを　なぞりましょう。

とおくの
おおきな
こおりの　うえを
おおくの
おおかみ
とお　ずつ
とおる

のばす　おん

ぶんを よんで たくさん かこう (とくべつな のばす おん)

なまえ

ぶんを　すべて　よんで、　のばす　おんに　きを　つけて　かきましょう。

とおく　の　おおきな

こおり　の　うえを

おおく　の　おおかみ

とお　ずつ　とおる

のばす　おん

よんで　かいてみよう
（とくべつな　のばす　おん）

なまえ

ことばを　よんで　ひらがなを　なぞりましょう。

こおろぎ

ほおずき

ほお

おおだいこ

とおせんぼ

ほのお

のばす おん

たくさん かこう（とくべつな のばす おん）①

なまえ

のばす おんに きを つけて かきましょう。

こおろぎ

ほおずき

ほお

ほのお

ほおづえ

ほおばる

かきごおり

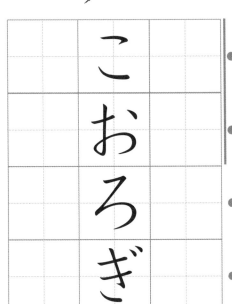

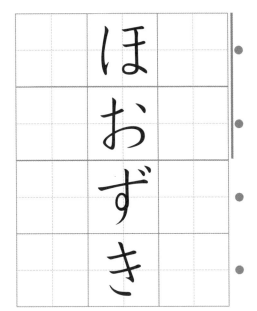

のばす　おん

たくさん　かこう（とくべつな のばす おん）②

なまえ

のばす　おんに　きを　つけて　かきましょう。

かきごおり

おおだいこ

とおせんぼ

のばす　おん

かけるかな（おだん）① A

なまえ

えを　みて　ひらがなで　ことばを　かきましょう。
あいている □には う か お を　いれましょう。

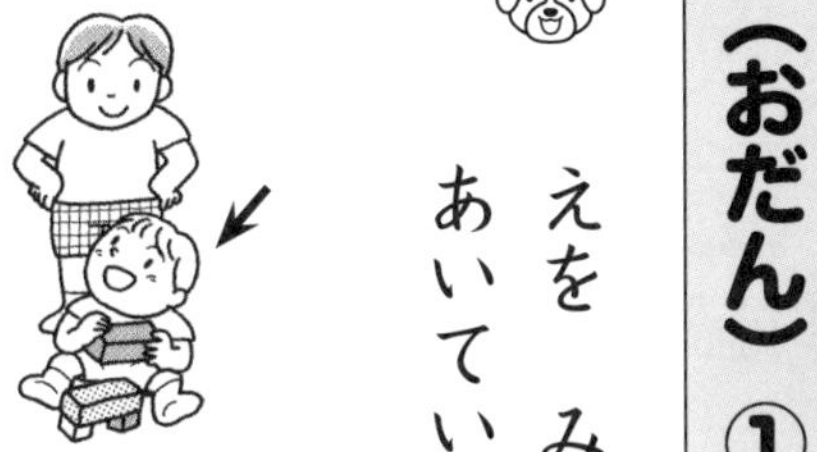

おと□と

いも□と

お□かみ

こ□ろぎ

お□さま

がっこ□

のばす　おん

かけるかな（おだん）① B

なまえ

のばす　おんに　きを　つけて、　えに　あう　ことばを　ひらがなで　かきましょう。

のばす　おん

かけるかな（おだん）②Ａ

なまえ

えを　みて　ひらがなで　ことばを　かきましょう。
あいている　□には　う　か　お　を　いれましょう。

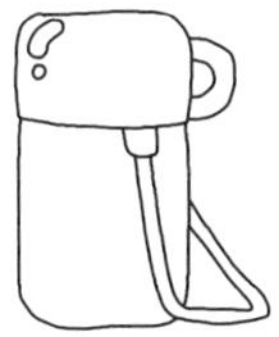

すいと□

こ□り

ど□ろ

てつぼ□

おと□さん

お□だいこ

のばす　おん

かけるかな（おだん）② B

なまえ

のばす　おんに　きを　つけて、えに　あう　ことばを　ひらがなで　かきましょう。

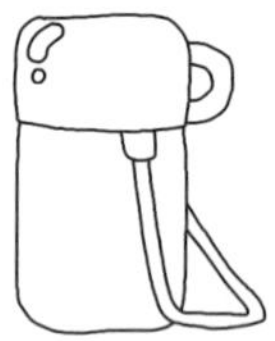

のばす おん

かけるかな（おだん）③ A

なまえ

えを みて ひらがなで ことばを かきましょう。
あいている □には う か お を いれましょう。

ぞ□

と□

と□ふ

ほの□

ひこ□き

と□せんぼ

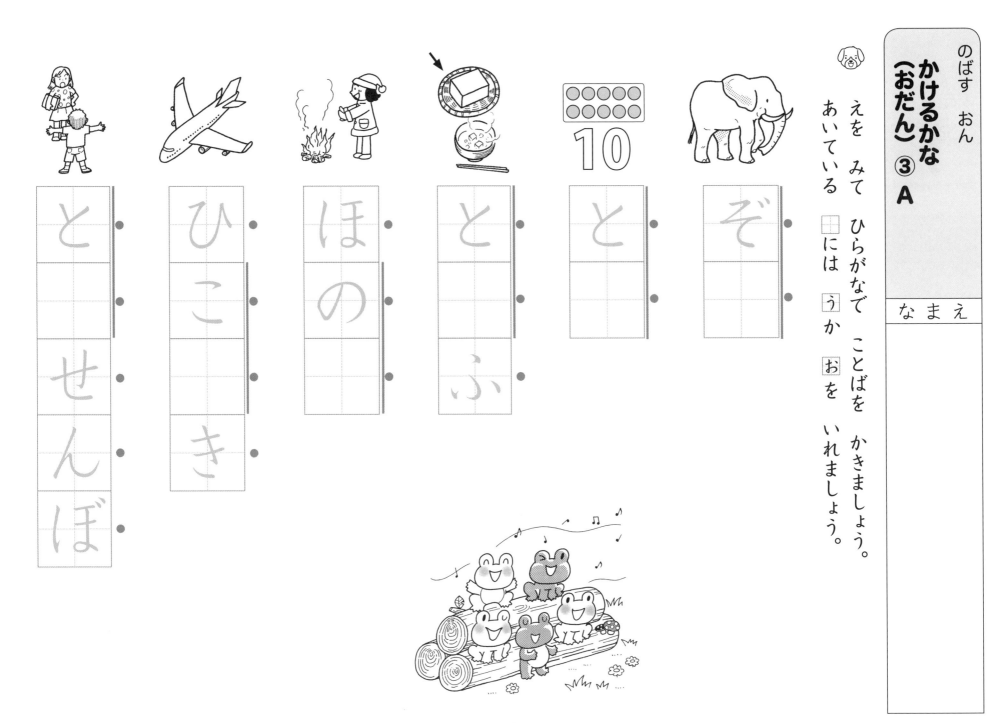

のばす　おん

かけるかな（おだん）③ B

なまえ

のばす　おんに　きを　つけて、　えに　あう　ことばを
ひらがなで　かきましょう。

のばす　おん

かけるかな（おだん）④ A

なまえ

えを　みて　ひらがなで　ことばを　かきましょう。
あいている □には う か お を　いれましょう。

ほ□

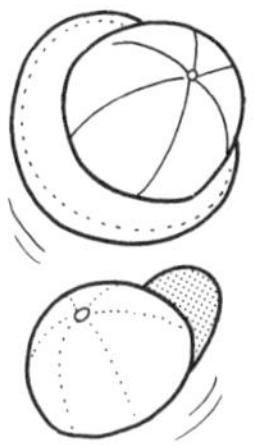

ぼ□し

かき ご□り

と□い

↕

ちかい

お□い

↕

すくない

お□ きい

↕

ちいさい

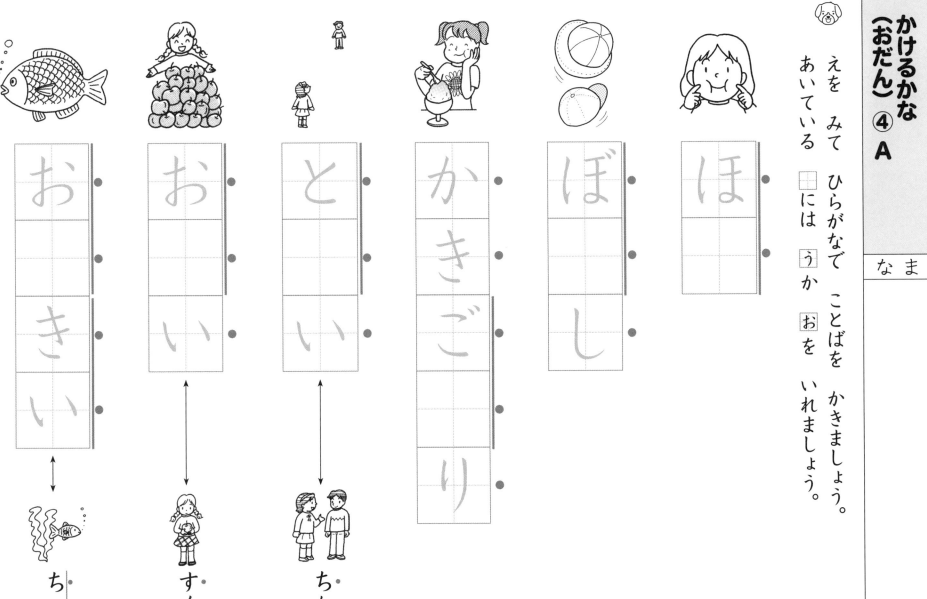

のばす　おん

かけるかな（おだん）④ B

なまえ

のばす　おんに　きを　つけて、えに　あう　ことばを　ひらがなで　かきましょう。

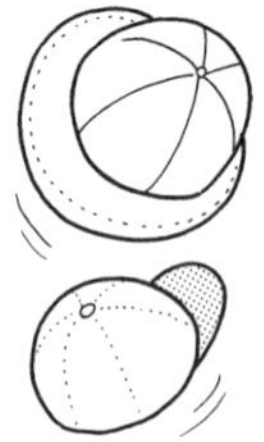

ちかい

すくない

ちいさい

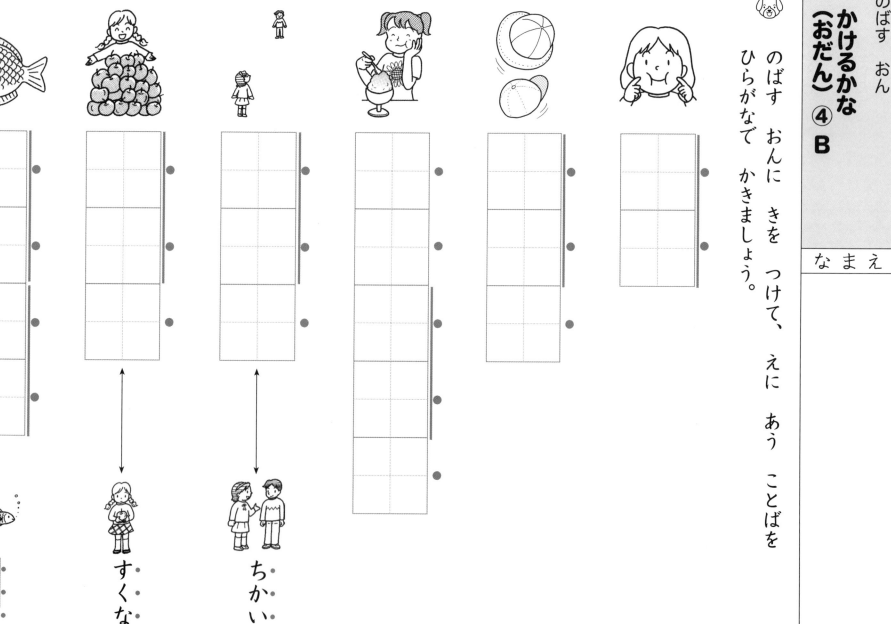

のばす　おん

ただしい　もじを　えらぼう（おだん）①

なまえ

えに　あう　ことばは　どれでしょう。
ただしい　ほうを　○で　かこみましょう。

①
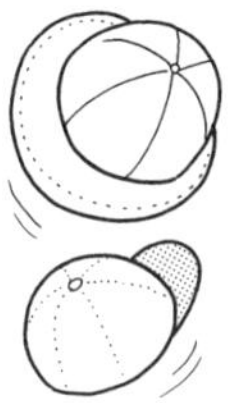
ぼ｛お　う｝し

②

こ｛お　う｝り

③

ど｛お　う｝ろ

④

と｛お　う｝ふ

⑤

ほの｛お　う｝

⑥

と｛お　う｝

⑦

ほ｛お　う｝

⑧

ぞ｛お　う｝

⑨

そ｛お　う｝じ

⑩

ぶど｛お　う｝

のばす おん

ただしい もじを えらぼう（おだん）②

なまえ

えに あう ことばは どれでしょう。
ただしい ほうを ○で かこみましょう。

①

いも（お う）と

②

おと（お う）と

③

お（お う）かみ

④

お（お う）さま

⑤

ほ（お う）ずき

⑥

こ（お う）ろぎ

⑦

ひこ（お う）き

⑧

てつぼ（お う）

⑨

おと（お う）さん

⑩

と（お う）せんぼ

のばす おん

ただしい もじを えらぼう（おだん）③

なまえ

えに あう ことばは どれでしょう。
ただしい ほうを ○で かこみましょう。

①

お｛お う｝だん ほど｛お う｝

②

と｛お う｝くの しんご｛お う｝

③

お｛お う｝きい ど｛お う｝ぶつ

④

こ｛お う｝りが お｛お う｝い。

⑤

お｛お う｝さまが と｛お う｝る。

のばす　おん

かけるかな ① A

なまえ

えを　みて　ひらがなで　ことばを　かきましょう。
あいている □には あいうえお の　どれかを　いれましょう。

おば□さん

おじ□さん

おね□さん

おに□さん

おか□さん

おと□さん

「あ・い・う・え・お」の
うち　つかわない
もじが
ひとつだけ
あるよ。

のばす　おん

かけるかな① B

なまえ

のばす　おんに　きを　つけて、えに　あう　ことばを
ひらがなで　かきましょう。

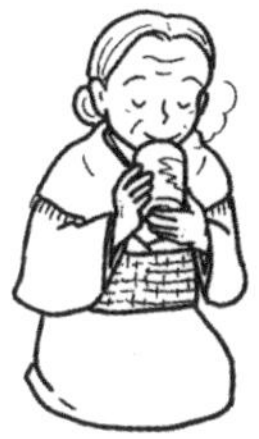

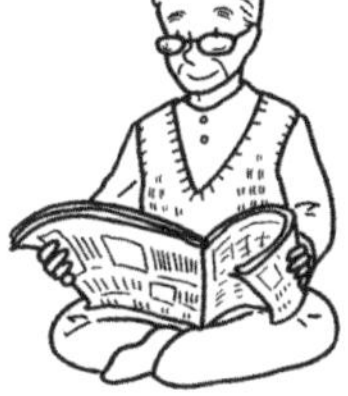

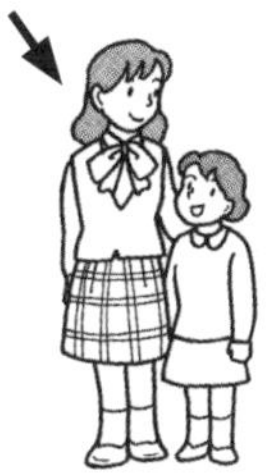

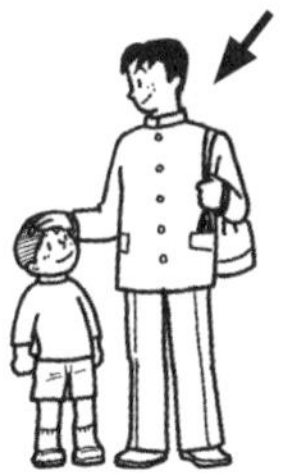

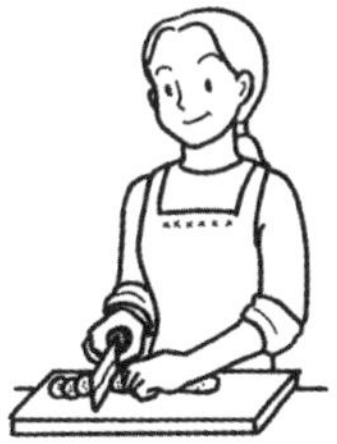

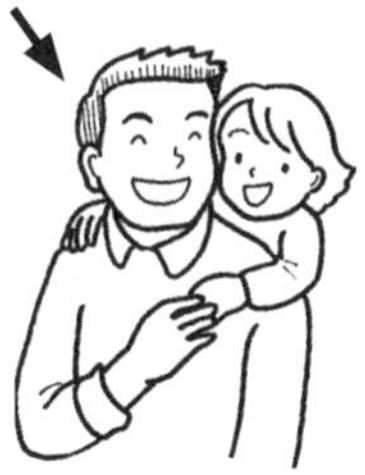

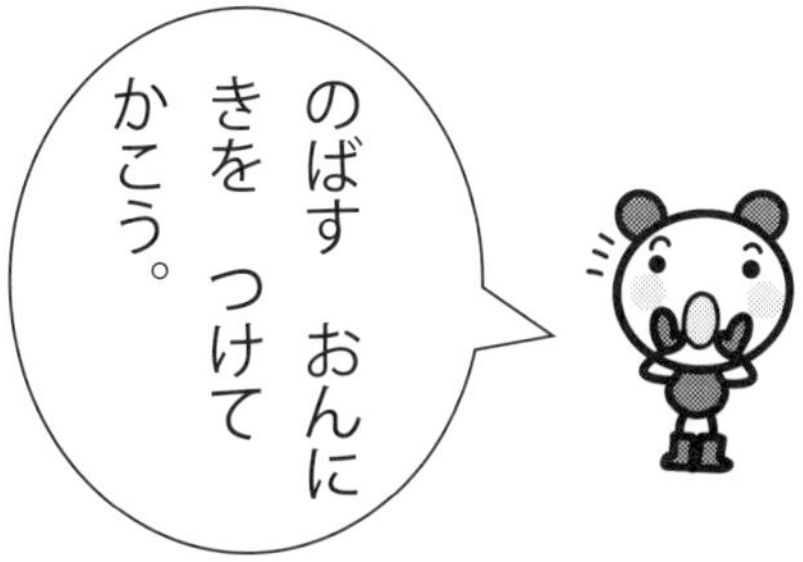

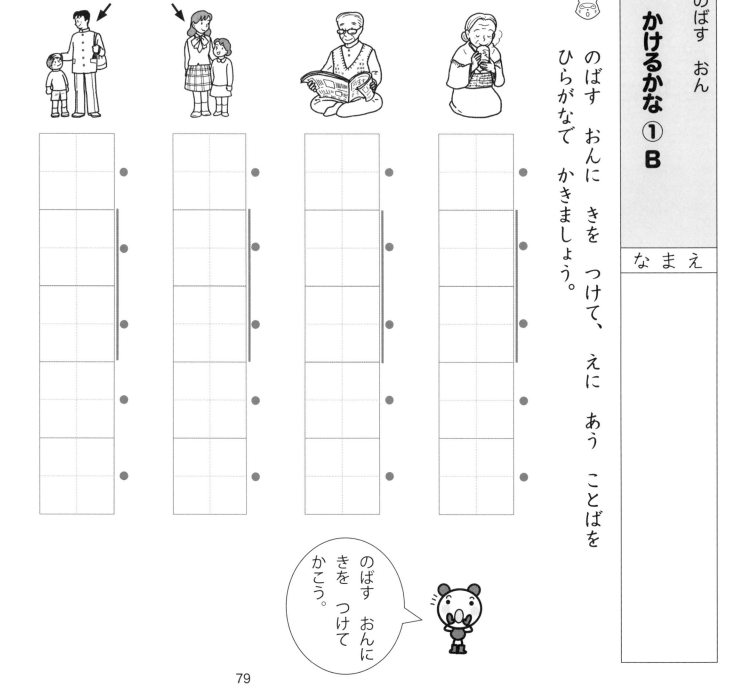

のばす おん

かけるかな ② A

なまえ

えを みて ひらがなで ことばを かきましょう。
あいている □には あ い う え お の どれかを いれましょう。

ふ□せん

せんせ□

ひこ□き

お□かみ

お□さま

がっこ□

「あ・い・う・え・お」
ぜんぶは
つかわないよ。

のばす　おん

かけるかな ②Ｂ

なまえ

のばす　おんに　きを　つけて、えに　あう　ことばを　ひらがなで　かきましょう。

のばす　おん

かけるかな③A

なまえ

えを　みて　ひらがなで　ことばを　かきましょう。
あいている □には あいうえお の　どれかを　いれましょう。

とけ□

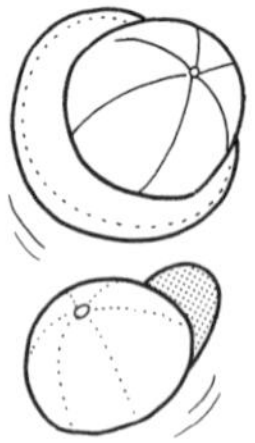

ぼ□し

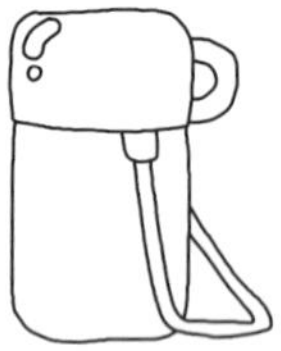

すいと□

ほ□ずき

せ□くらべ

せんぷ□き

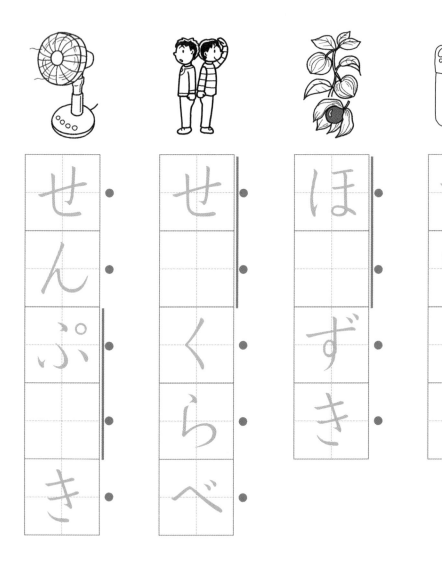

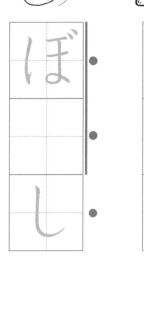

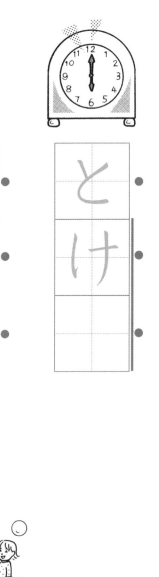

のばす　おん

かけるかな ③ B

なまえ

のばす　おんに　きを　つけて、　えに　あう　ことばを　ひらがなで　かきましょう。

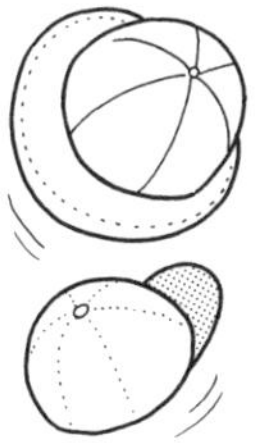

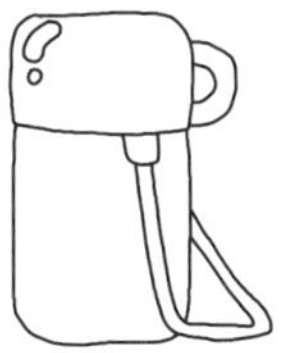

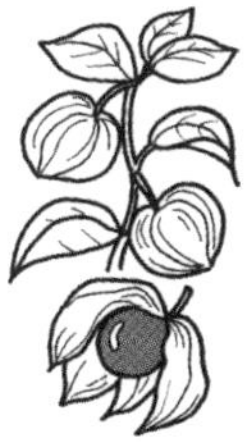

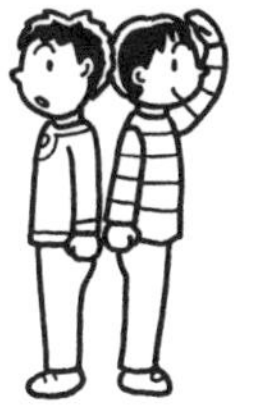

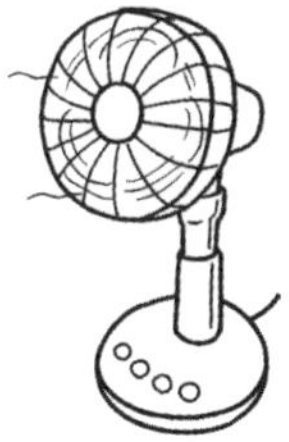

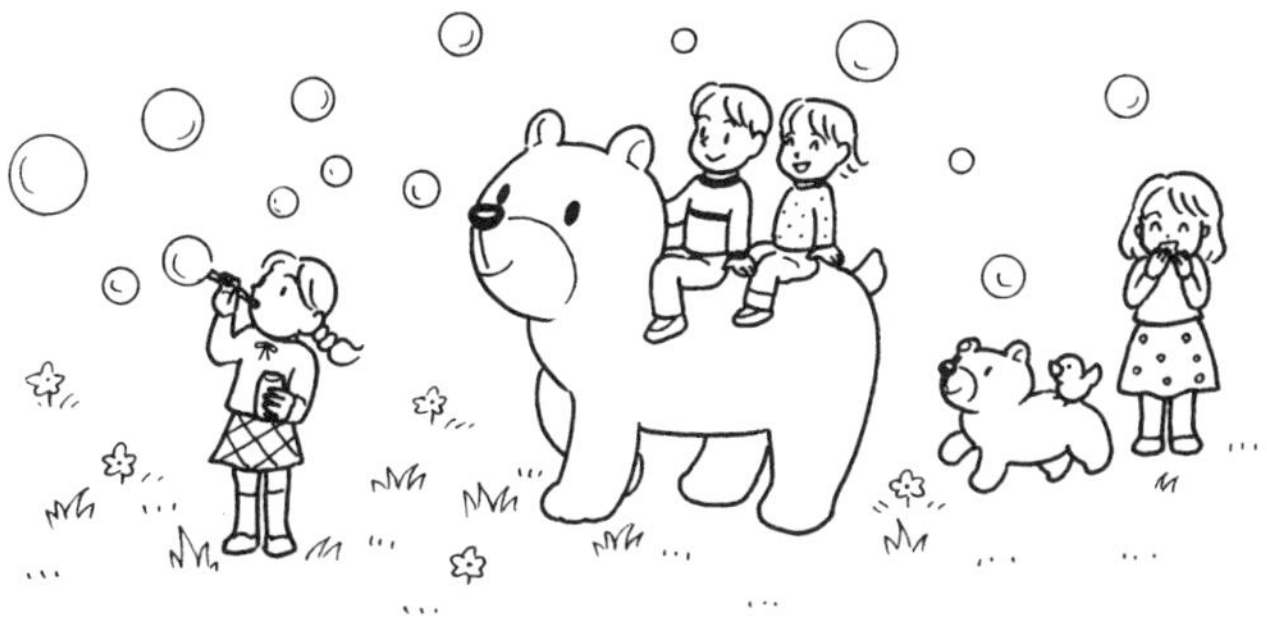

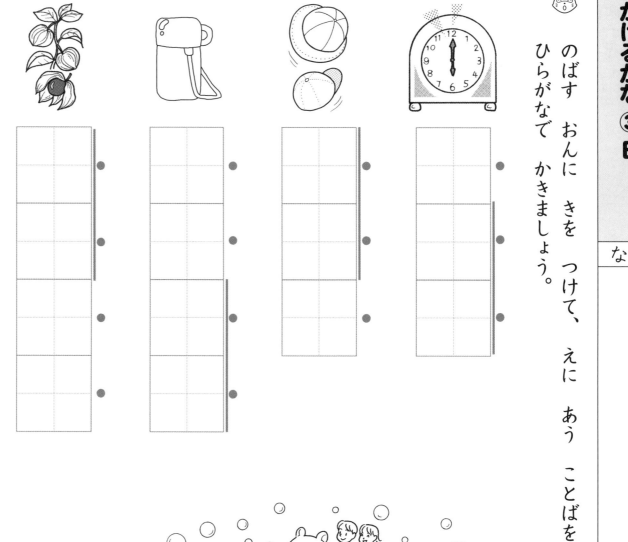

のばす　おん

かけるかな④A

なまえ

えを　みて　ひらがなで　ことばを　かきましょう。
あいている　□には　あいうえお　の　どれかを　いれましょう。

ほ□き

え□が

おと□と

ゆ□れ□

ゆ□えんち

お□だいこ

のばす　おん

かけるかな④B

なまえ

のばす　おんに　きを　つけて、　えに　あう　ことばを
ひらがなで　かきましょう。

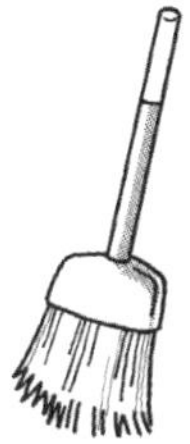

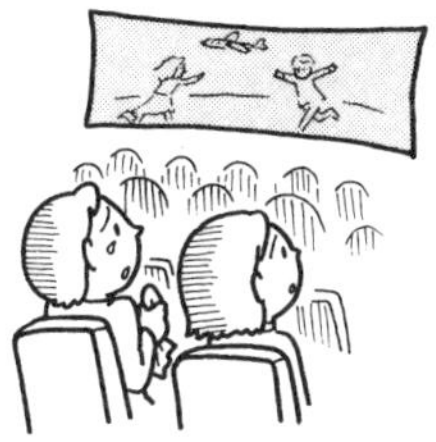

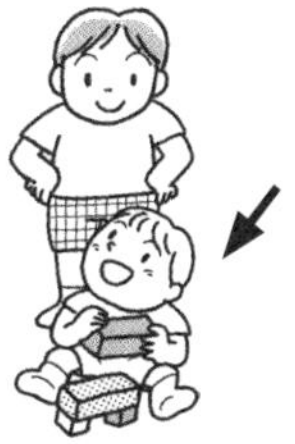

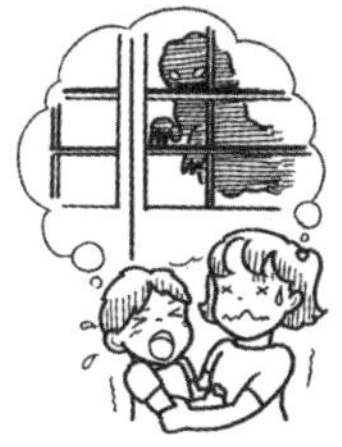

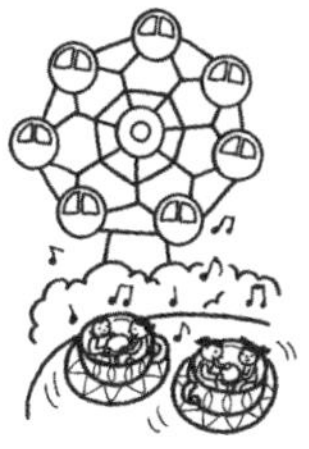

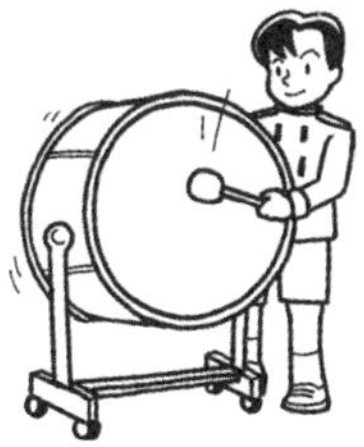

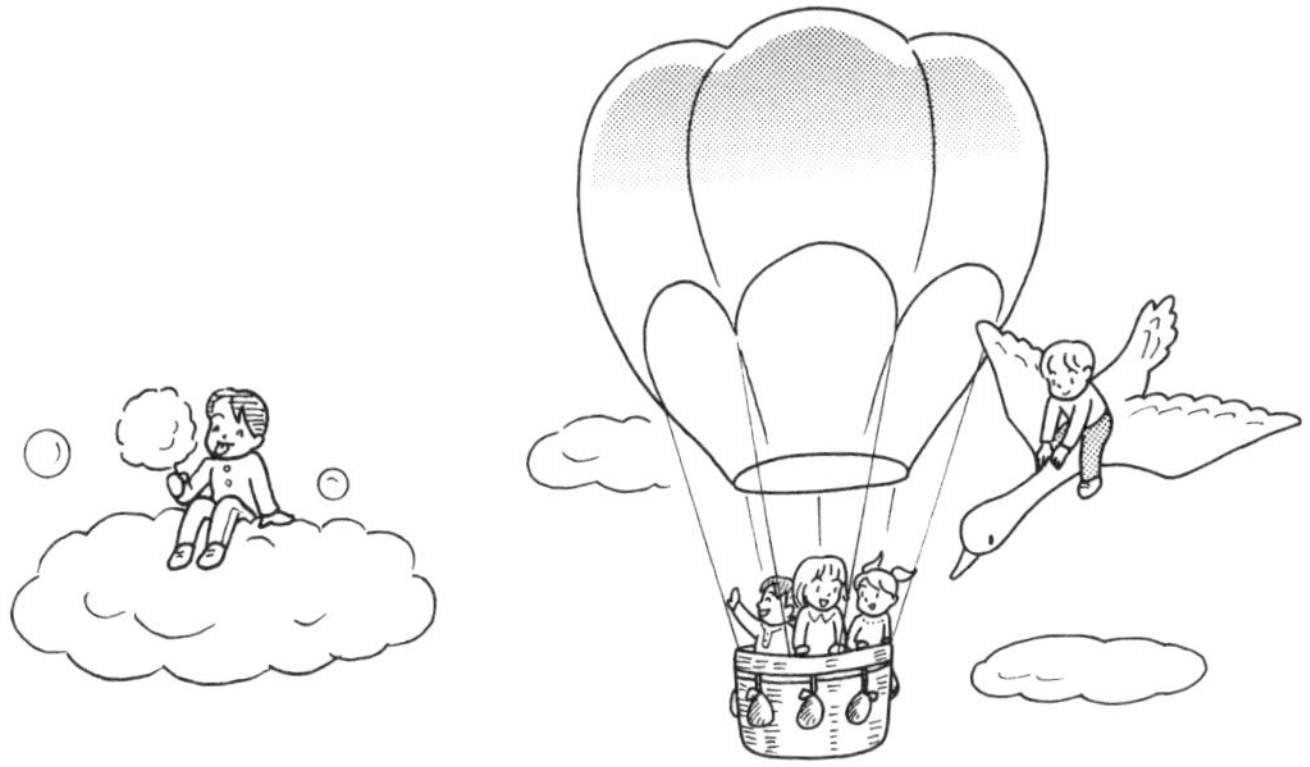

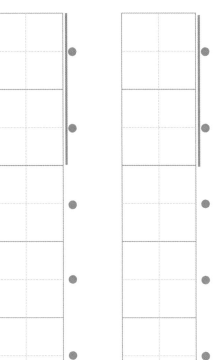

のばす　おん

かけるかな ⑤ A

なまえ

えを　みて　ひらがなで　ことばを　かきましょう。
あいている □には あ い う え お の　どれかを　いれましょう。

ほの□

け□と

ゆ□びん

かきご□り

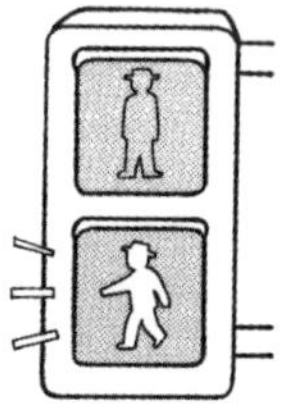

しんご□

おっとせ□

のばす　おん

かけるかな⑤B

なまえ

のばす　おんに　きを　つけて、　えに　あう　ことばを　ひらがなで　かきましょう。

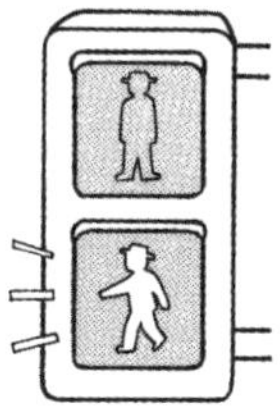

のばす おん

かけるかな⑥ A

なまえ

えを みて ひらがなで ことばを かきましょう。
あいている □には あいうえお の どれかを いれましょう。

ぞ□

ぱ□

と□

ぐ□

と□ふ

せん□べ

のぼり□ぼ

と□せん□ぼ

のばす　おん

かけるかな⑥B

なまえ

のばす　おんに　きを　つけて、　えに　あう　ことばを　ひらがなで　かきましょう。

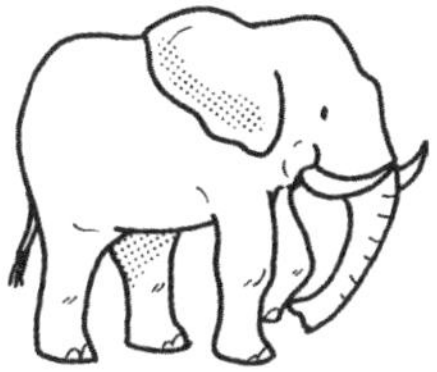

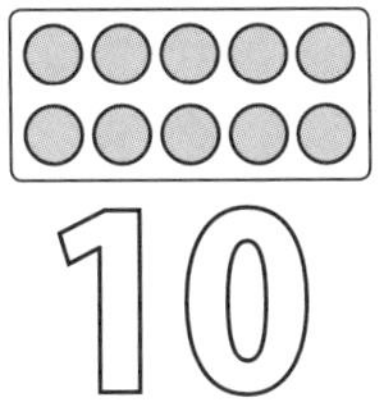

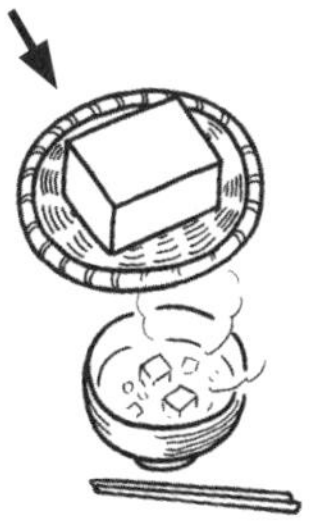

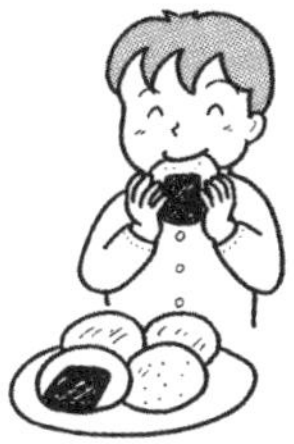

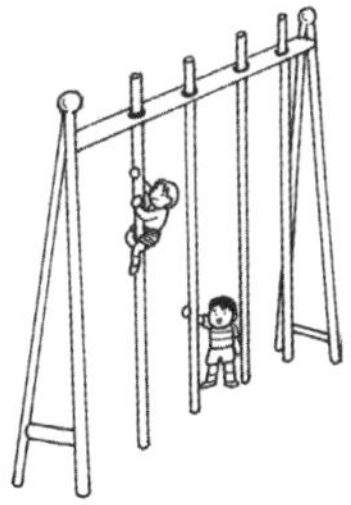

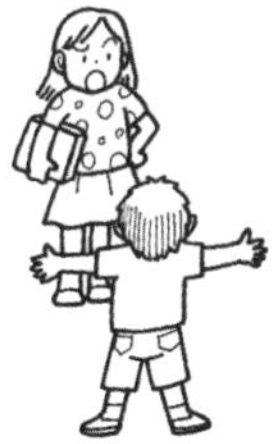

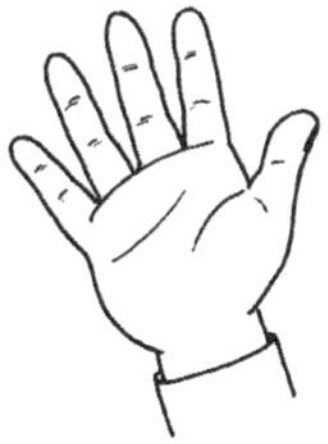

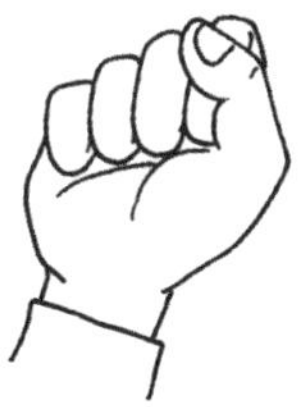

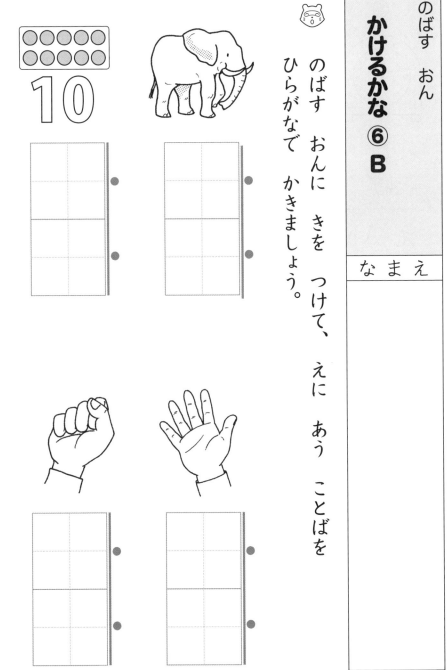

のばす おん

ただしい もじを えらぼう ①

なまえ

えに あう ことばは どれでしょう。
ただしい ほうを ○で かこみましょう。

①

と（お・う）

②

ぞ（お・う）

③

ほ（お・う）

④

け（え・い）と

⑤

とけ（え・い）

⑥

おと（お・う）と

⑦

いも（お・う）と

⑧

おと（お・う）さん

⑨

おね（え・い）さん

⑩

せ（え・い）くらべ

のばす おん

ただしい もじを えらぼう ②

なまえ

えに あう ことばは どれでしょう。ただしい ほうを ◯で かこみましょう。

①

と
お　う
ふ

②

そ
お　う
じ

③

こ
お　う
り

④

え
え　い
が

⑤

ほ
の
お　う

⑥

せ
ん
べ
え　い

⑦

こ
お　う
ろ
ぎ

⑧

ほ
お　う
ず
き

⑨

お
お　う
さ
ま

⑩

ゆ
う
れ
え　い

のばす おん
ただしい もじを えらぼう ③

なまえ

えに あう ことばは どれでしょう。
ただしい ほうを ○で かこみましょう。

①

え｛い・え｝ごの せんせ｛い・え｝

②

お｛う・お｝きい ぼ｛う・お｝し

③

お｛う・お｝かみが と｛う・お｝る。

④

ぶど｛う・お｝を ほ｛う・お｝ばる。

⑤

がっこ｛う・お｝が と｛う・お｝い。

のばす おん

おとの かず ①

なまえ

おとの かずだけ ○を ぬりましょう。

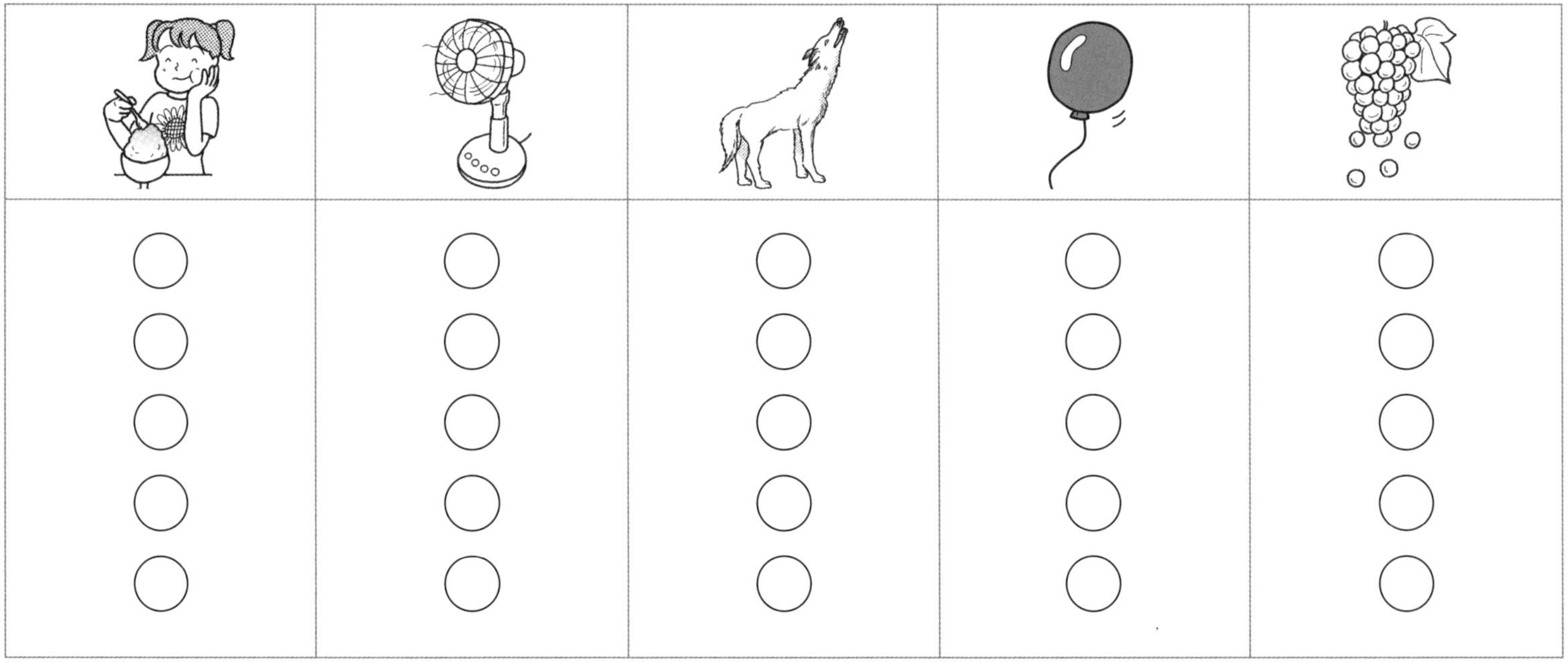

のばす　おん

おとの　かず　②

なまえ

おとの　かずだけ　○を　ぬりましょう。

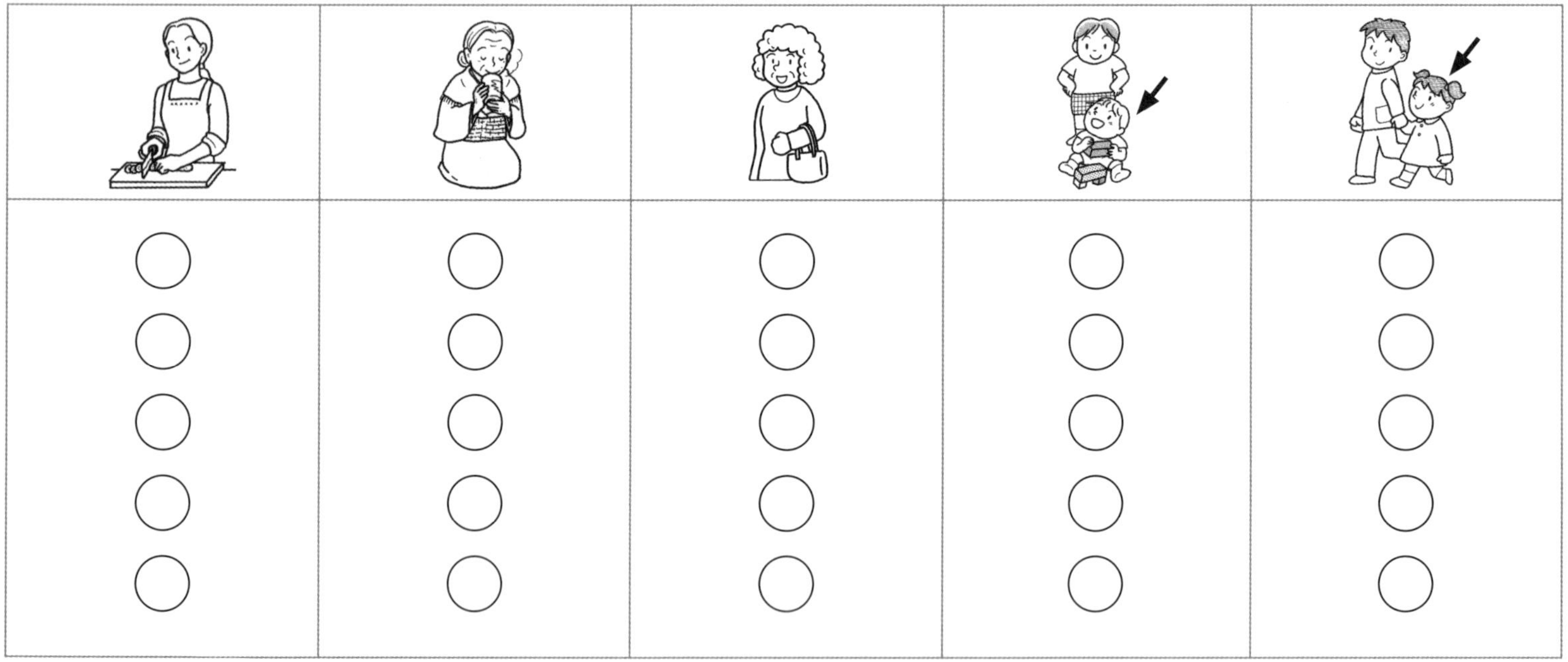

のばす おん

おとの かず ③

なまえ

おとの かずだけ ○を ぬりましょう。

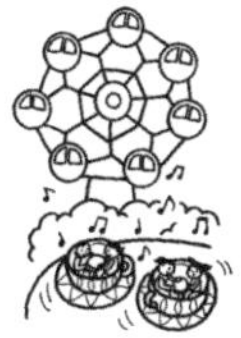

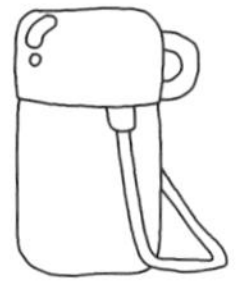

のばす　おん

おとの　かず　④

なまえ

おとの　かずだけ　○を　ぬりましょう。

のばす　おん

ことばあそび　しりとり ①

なまえ

えに　あう　ことばを　かいて、しりとりを　しましょう。

ぞ

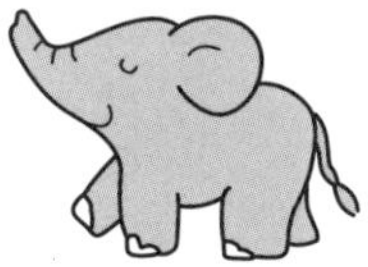

し

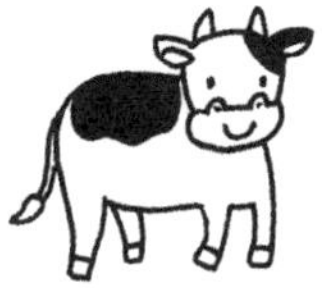

か

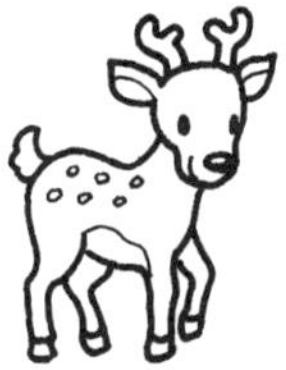

きご

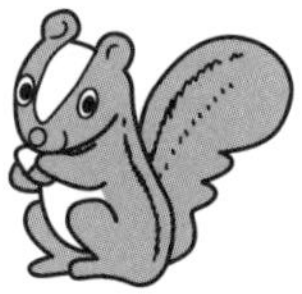

す

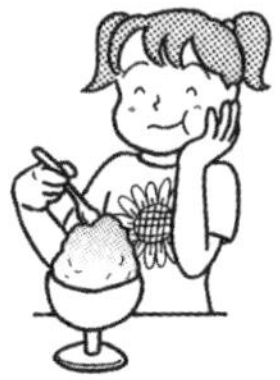

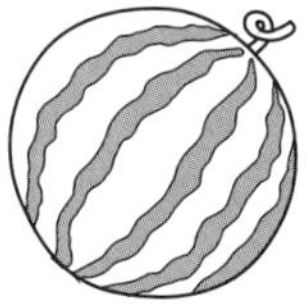

か

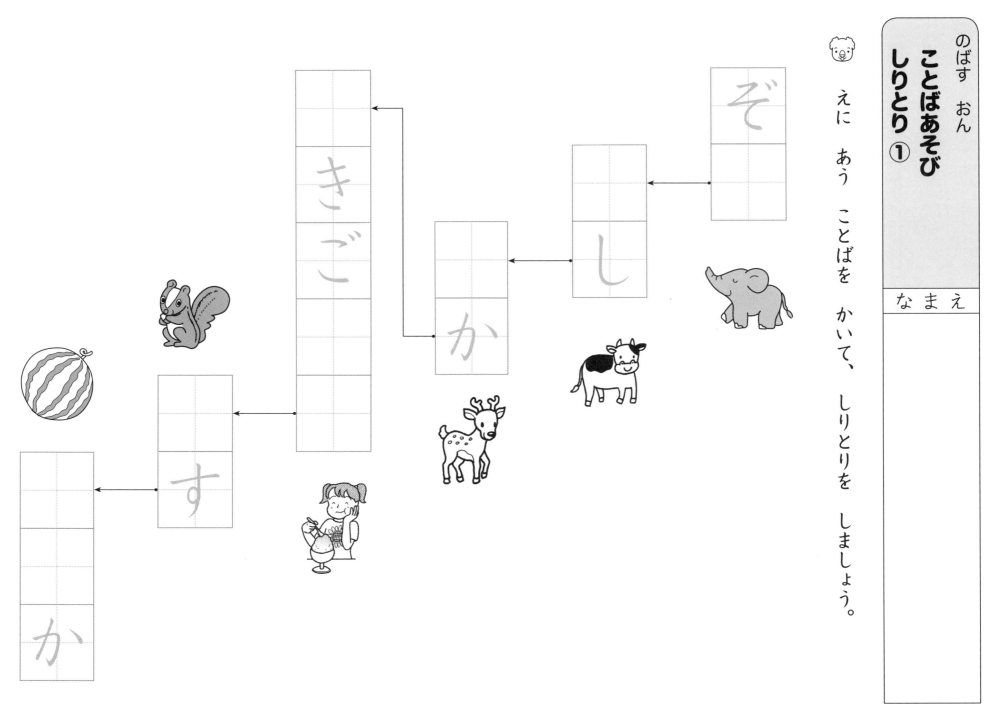

のばす　おん

ことばあそび　しりとり ②

なまえ

えに　あう　ことばを　かいて、　しりとりを　しましょう。

ほの□

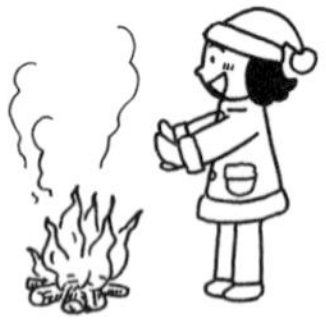

□け

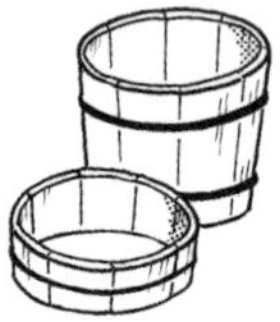

□□と

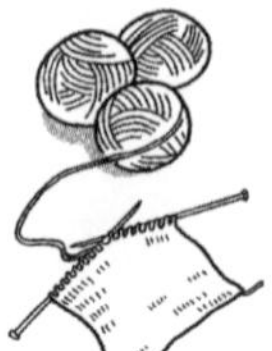

□け□

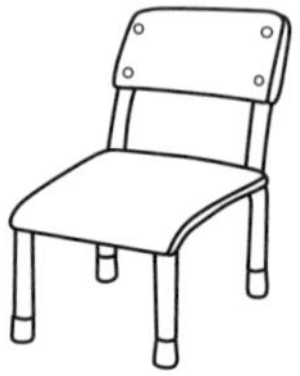

□す

□い□□

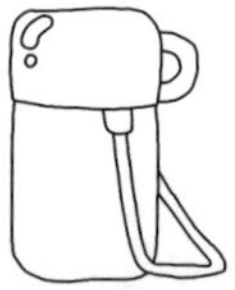

□□ぎ

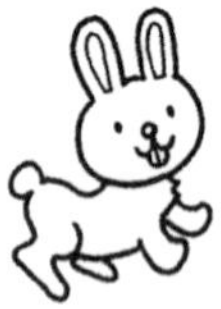

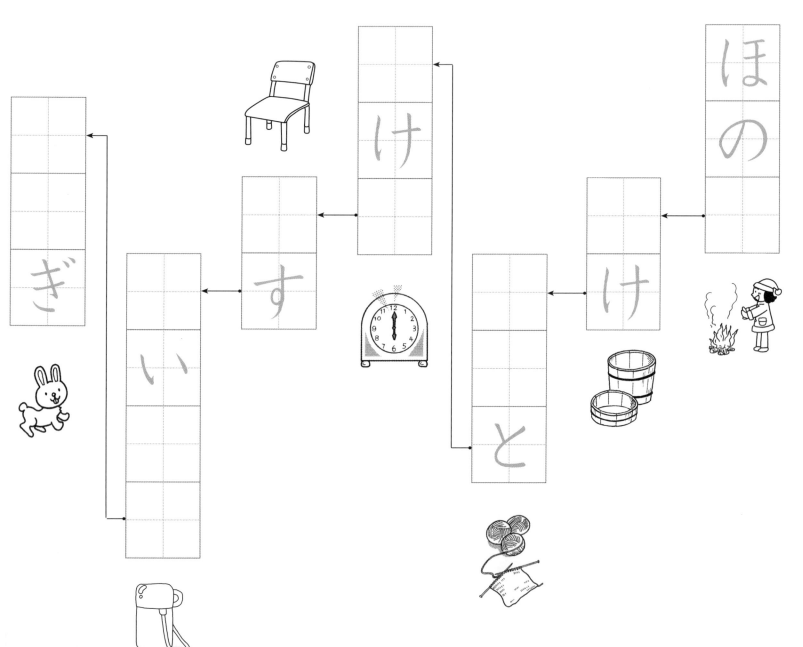

のばす　おん

ことばあそび
もじを　つなごう

なまえ

えを　みて □に　もじを　かきましょう。

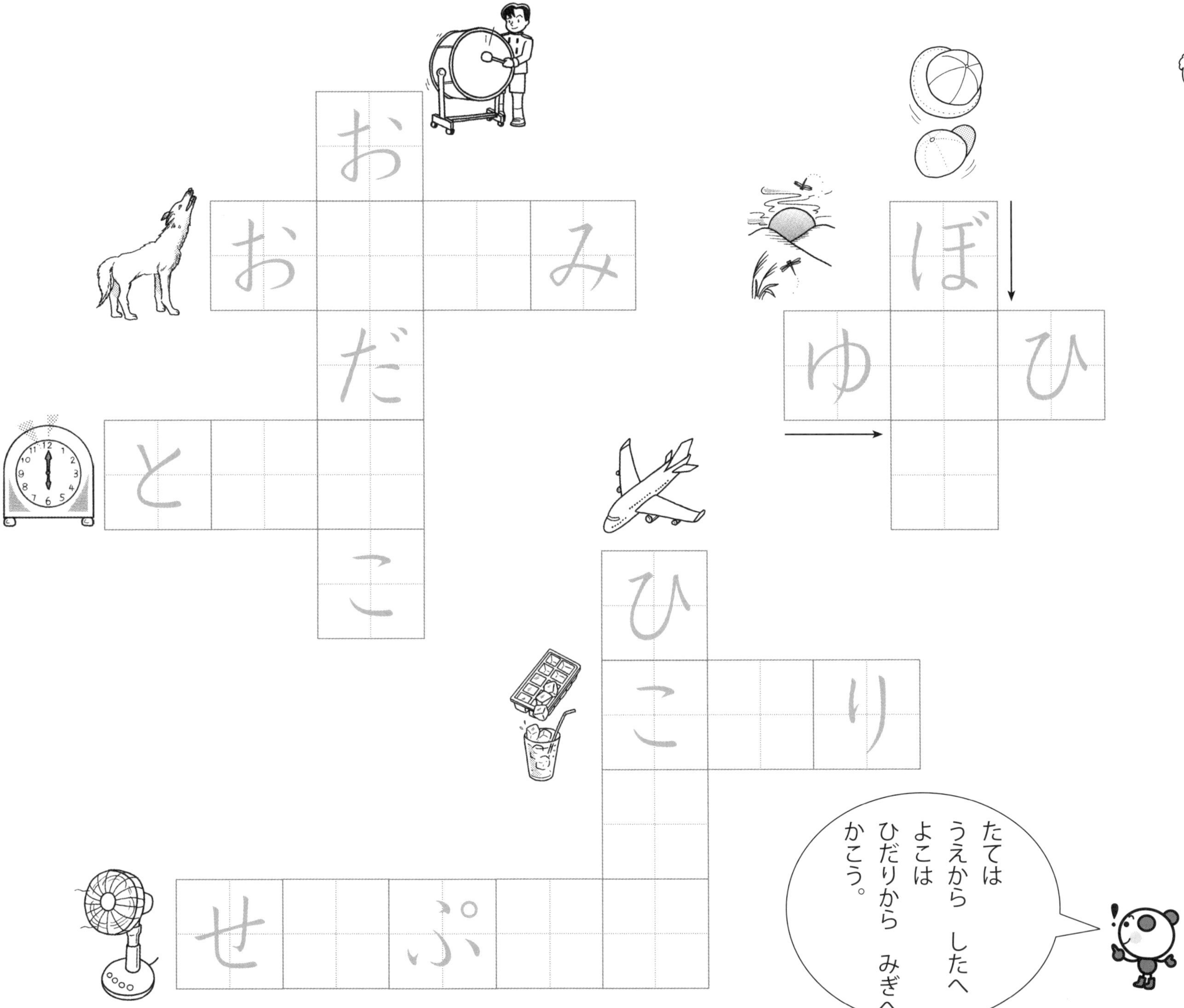

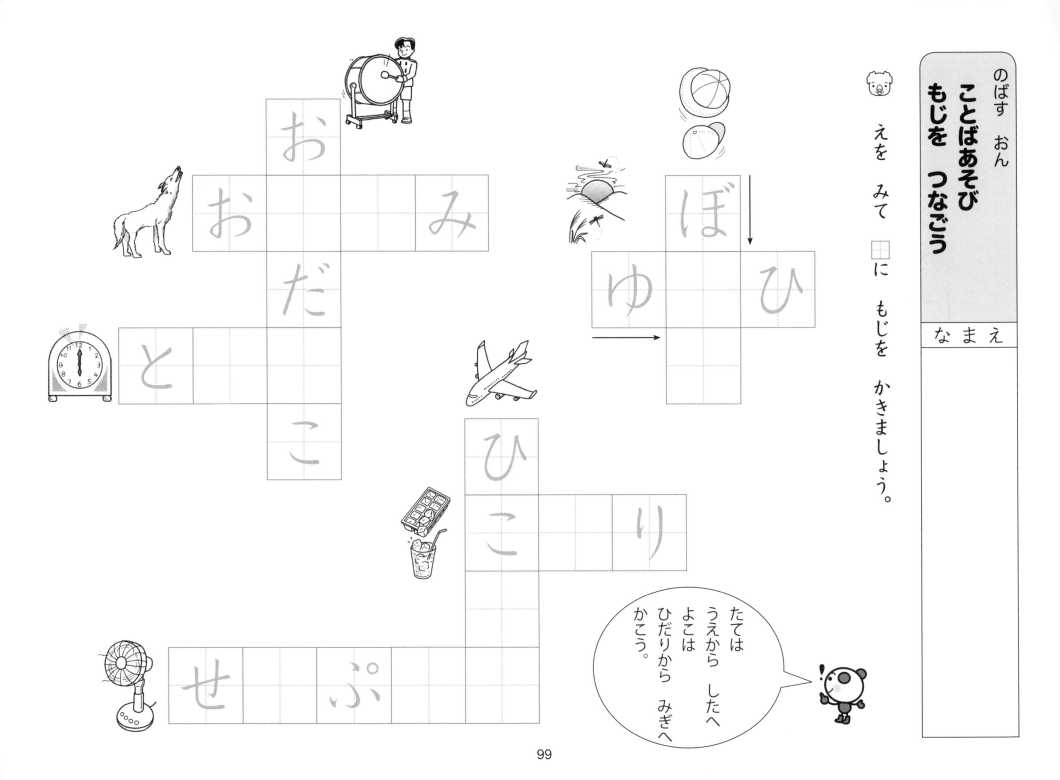

のばす　おん

ことばあそび　さがしてみよう（9ます）

なまえ

えを　みて、かくれている　ことばを　2つ　さがして　□　で　かこみましょう。

たては　うえから　したへ
よこは　ひだりから　みぎへ
よもう！

①

あ	ぶ	ろ
お	ど	ち
ゆ	う	ひ

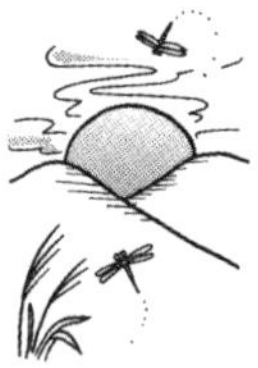

②

と	う	ふ
け	よ	つ
い	れ	る

のばす　おん

ことばあそび　さがしてみよう（9ます・16ます）

なまえ

えを　みて、かくれている　ことばを　2つ　さがして　（　）で　かこみましょう。

①

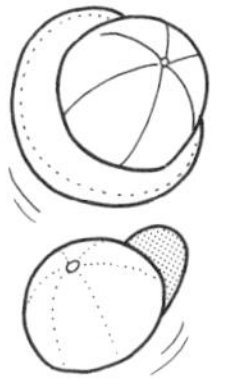

は	ぼ	ら
ほ	う	き
ぐ	し	め

②

き	ほ	ち
め	の	る
こ	お	り

③

せ	ひ	る	あ
く	こ	ぞ	む
お	う	さ	ま
を	き	ち	づ

④

こ	ち	て	め
お	お	か	み
ろ	あ	ぬ	そ
ぎ	う	え	こ

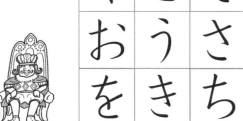

のばす　おん

ことばあそび　さがしてみよう（１れつ）

なまえ

かくれている　ことばを　さがして　▭　で　かこみましょう。

	ことばの かず	
①	3こ	いおかあさんぬへふうせんとをおおかみきに
②	4こ	こおろぎろむひこうきにおっとせいつけいと
③	4こ	れせんぷうきめとけいりてすいとうみぞうな
④	4こ	がっこうるかきごおりいむすうじわおうさま

ことばの　かず

さがしたら
えに ○を
つけよう。

のばす おん

カタカナで かこう ① A

なまえ

えを みて カタカナで ことばを かきましょう。

ボールペン

ハーモニカ

ノート

ケーキ

スプーン

ドーナツ

ハンバーグ

カレーライス

のばす おん

カタカナで かこう ①B

なまえ

のばす おんに きを つけて、えに あう ことばを カタカナで かきましょう。

ボールペン

ハーモニカ

ソフトクリーム

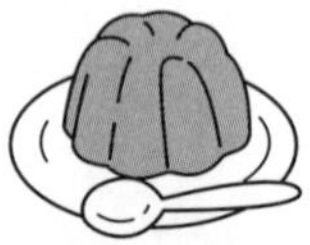

ゼリー

ハンバーガー

ホットケーキ

のばす　おん

カタカナで　かこう　②　A

なまえ

えを　みて　カタカナで　ことばを　かきましょう。

スケート

ローラースケート

スキー

ボート

パトカー

シーソー

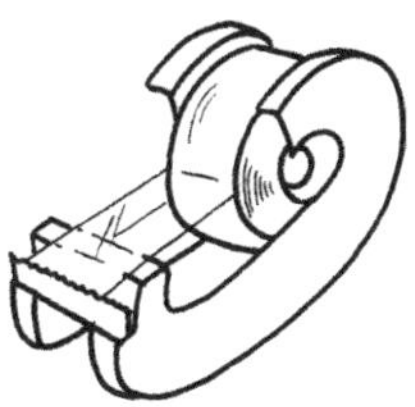

セロテープ

ヘリコプター

のばす　おん

カタカナで　かこう　②B

なまえ

のばす　おんに　きを　つけて、　えに　あう　ことばを　カタカナで　かきましょう。

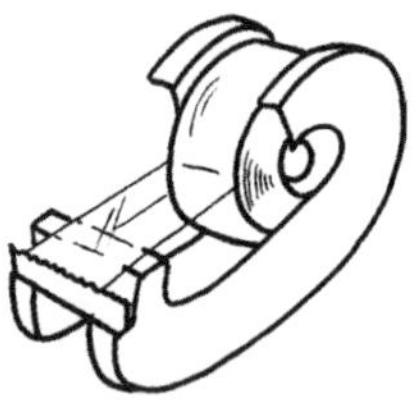

スケート

モノレール

ローラースケート

スカート

オートバイ

セーター

ちいさい「ゃ・ゅ・ょ」

こえに　だして　よもう　かいてみよう①

なまえ

こえに　だして　よみましょう。
ちいさい「ゃ・ゅ・ょ」に　きを　つけて　なぞりましょう。

きゃ　きゅ　きょ

ぎゃ　ぎゅ　ぎょ

しゃ　しゅ　しょ

じゃ　じゅ　じょ

ちゃ　ちゅ　ちょ

ぢゃ　ぢゅ　ぢょ

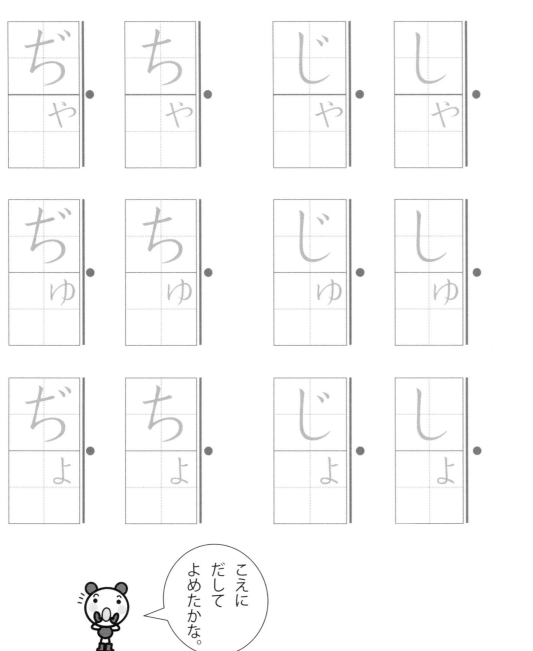

ちいさい「ゃ・ゅ・ょ」

こえに だして よもう かいてみよう②

なまえ

こえに だして よみましょう。
ちいさい「ゃ・ゅ・ょ」に きを つけて なぞりましょう。

にゃ　ひゃ　びゃ　ぴゃ　みゃ　りゃ

にゅ　ひゅ　びゅ　ぴゅ　みゅ　りゅ

にょ　ひょ　びょ　ぴょ　みょ　りょ

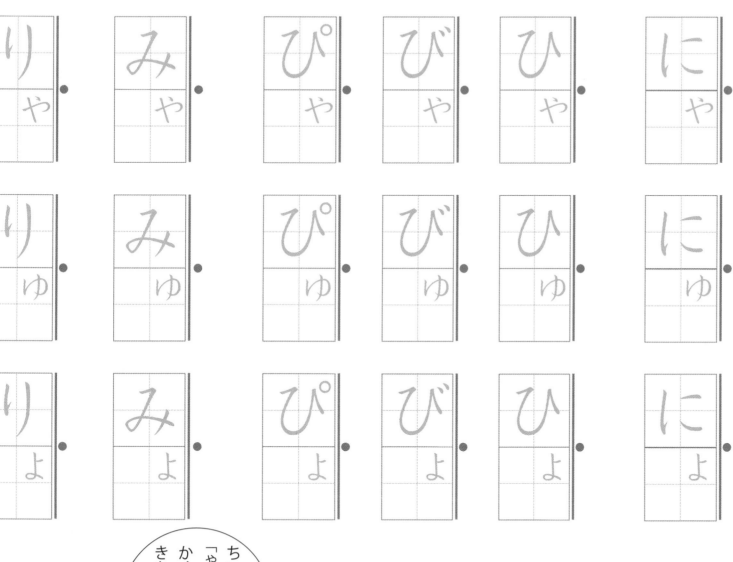

ちいさい「ゃ・ゅ・ょ」

よんで かいてみよう ①

なまえ

ことばを よんで ひらがなを なぞりましょう。

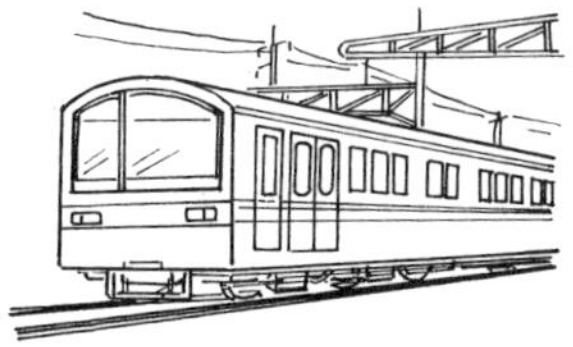

でんしゃ

くじゃく

あくしゅ

かしゅ

きんぎょ

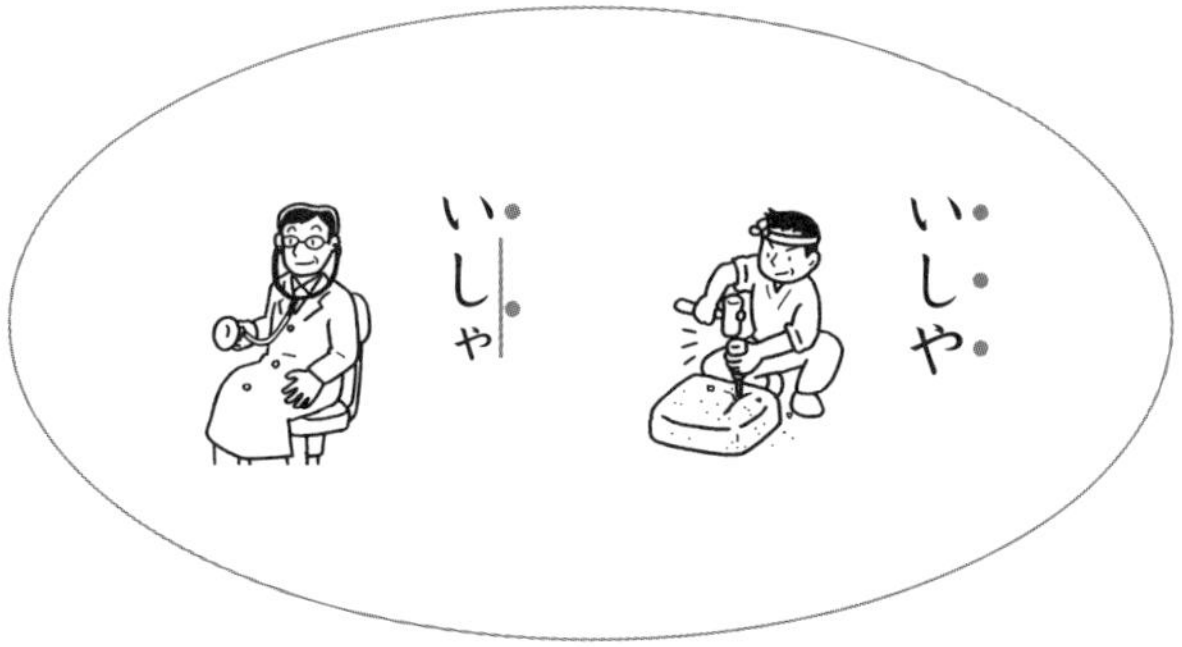

ちいさい「ゃ・ゅ・ょ」

よんで かいてみよう②

なまえ

ことばを よんで ひらがなを なぞりましょう。

おもちゃ

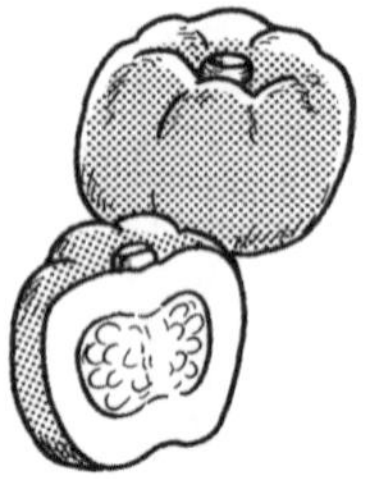

かぼちゃ

はくしゅ

ちょきん

じてんしゃ

じゃがいも

ひゃくえん

としょしつ

ちいさい「や・ゆ・よ」

たくさん かこう①

なまえ

ちいさい「や・ゆ・よ」に きを つけて かきましょう。

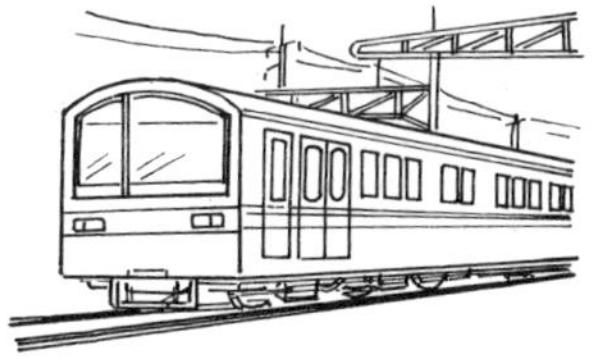

でんしゃ

あくしゅ

きんぎょ

おもちゃ

じどうしゃ

あかちゃん

おしゃぶり

しゃぼんだま

ちいさい「ゃ・ゅ・ょ」

たくさん かこう ②

なまえ

ちいさい「ゃ・ゅ・ょ」に きを つけて かきましょう。

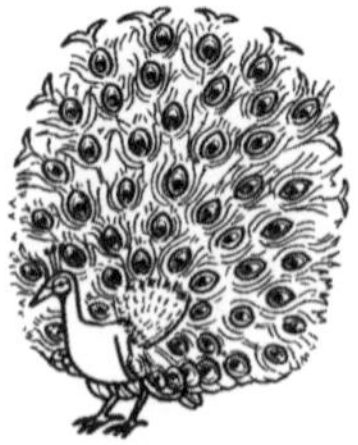

くじゃく

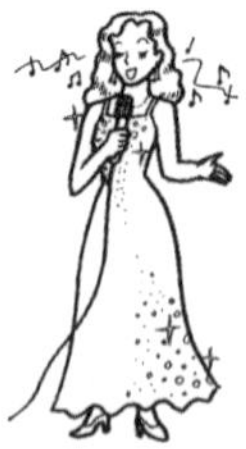

かしゅ

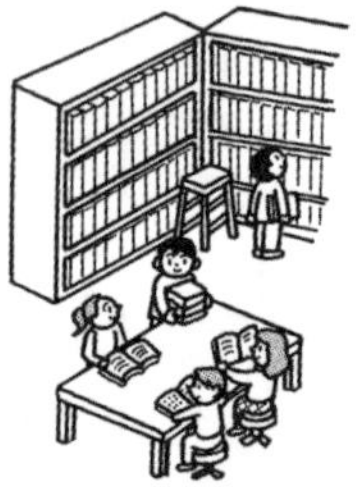

としょしつ

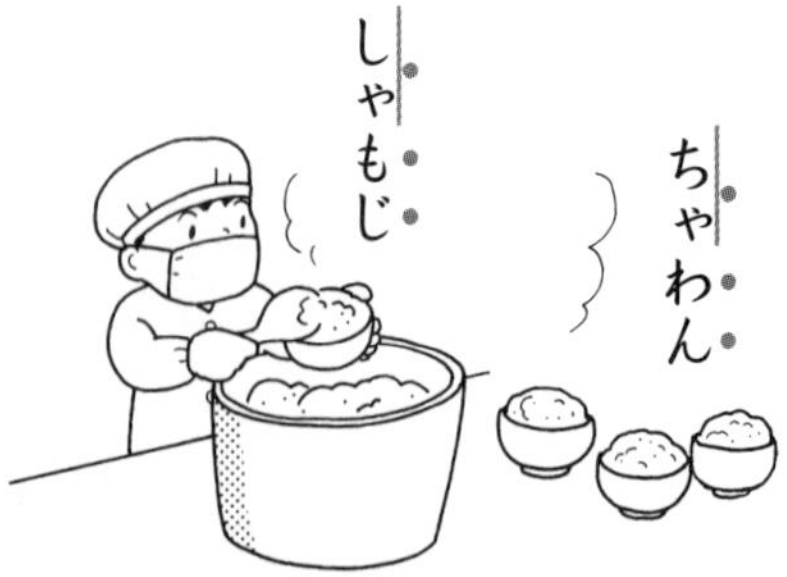

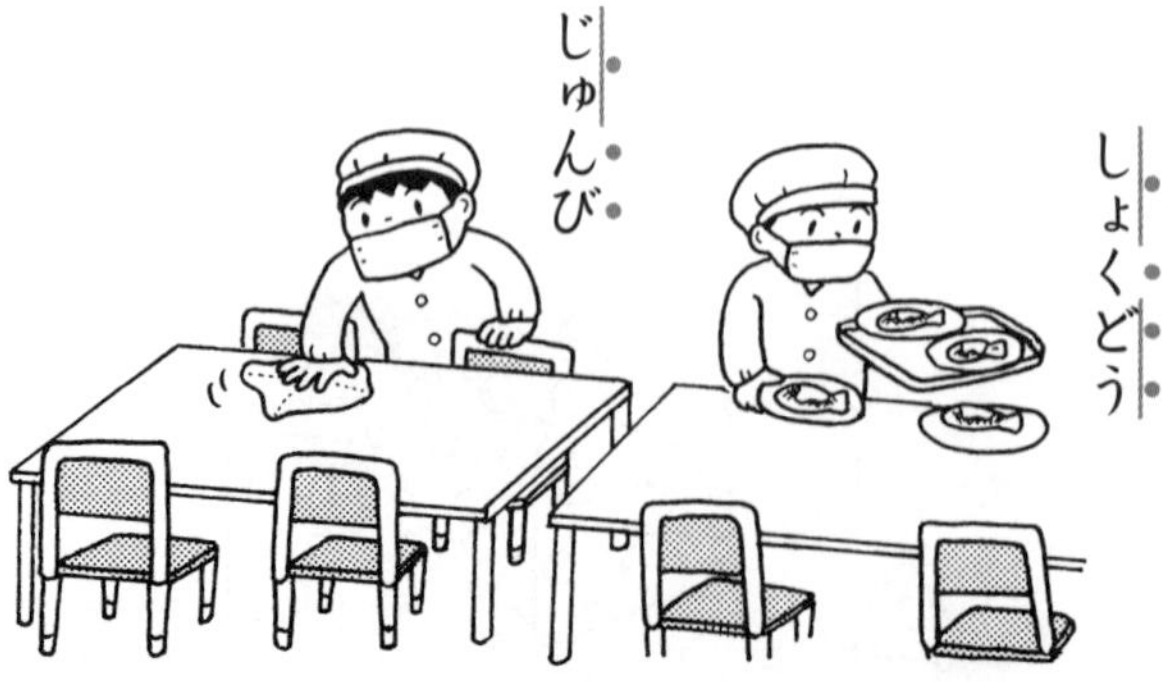

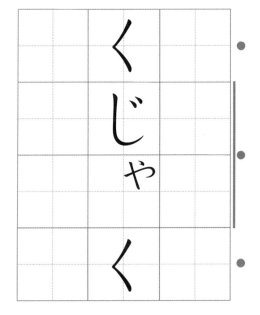

ちいさい「ゃ・ゅ・ょ」
たくさん かこう ③

なまえ

ちいさい 「ゃ・ゅ・ょ」に きを つけて かきましょう。

おもちゃ

はくしゅ

ちょきん

しゃしん

ねったいぎょ

とっきゅうでんしゃ

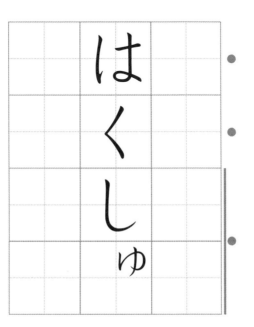

ちいさい「ゃ・ゅ・ょ」

たくさん かこう④

なまえ

ちいさい「ゃ」に きを つけて かきましょう。

かぼちゃ

じてんしゃ

ひゃくえん

こんにゃく

さんびゃくえん

ろっぴゃくえん

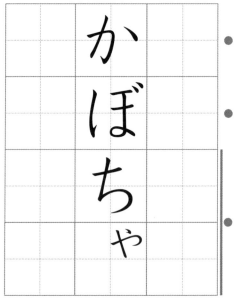

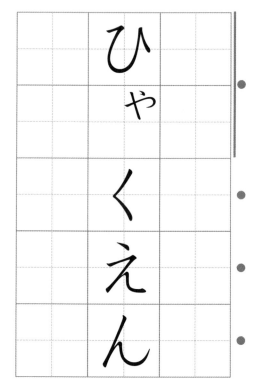

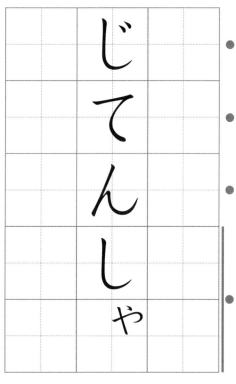

ちいさい「ゃ・ゅ・ょ」

かけるかな① A

なまえ

あいている□に ちいさい「ゃ・ゅ・ょ」の どれかを いれて
えに あう ことばを かきましょう。

か し □

お も ち □

き ん ぎ □

で ん し □

じ て ん し □

と し □ し つ

ゃ ゅ ょ の うち
ひとつ えらんで
いれよう。

ちいさい「や・ゆ・よ」

かけるかな① B

なまえ

ちいさい「や・ゆ・よ」に きを つけて、えに あう ことばを ひらがなで かきましょう。

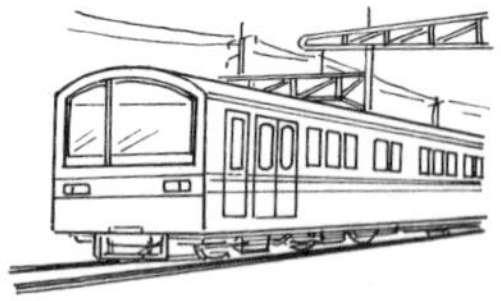

ちいさい「ゃ・ゅ・ょ」 かけるかな②A

なまえ

あいている□に ちいさい「ゃ・ゅ・ょ」の どれかを いれて えに あう ことばを かきましょう。

あくし□

かぼち□

ち□きん

く□じ□く

ひ□く□えん

はくし□

ゃ ゅ ょ の うち ひとつ えらんで いれよう。

ちいさい「や・ゆ・よ」

かけるかな② B

なまえ

ちいさい「や・ゆ・よ」に きを つけて、えに あう ことばを ひらがなで かきましょう。

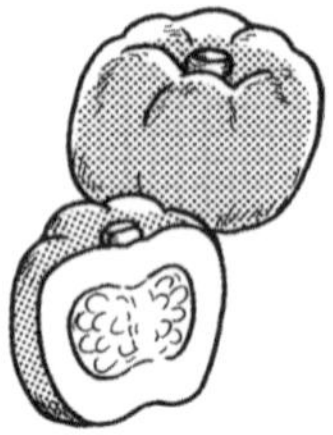

すべて ちいさい「や・ゆ・よ」の ある ことばだよ。

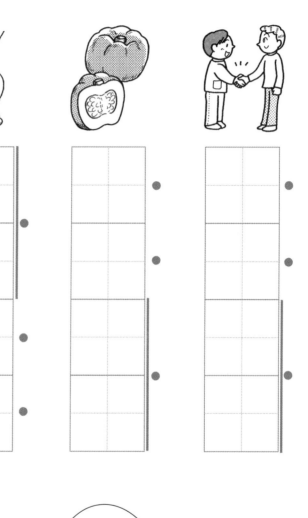

ちいさい「ゃ・ゅ・ょ」と のばす おん

よんで かいてみよう①

なまえ

ことばを よんで ひらがなを なぞりましょう。

ひょう

だちょう

かいじゅう

しょうぎ

りょうて

りゅう

ちきゅうぎ

ちいさい「ゃ・ゅ・ょ」と のばす おん

よんで かいてみよう ②

なまえ

ことばを よんで ひらがなを なぞりましょう。

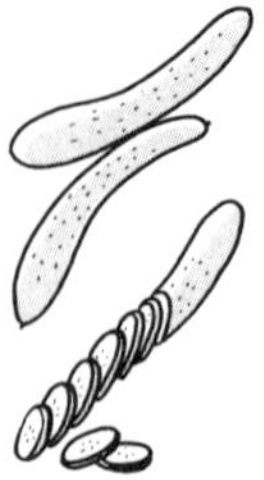

きゅうり

ぎょうざ

ききゅう

じょうろ

ちょうちょ

ほうちょう

にんぎょう

ちいさい「ゃ・ゅ・ょ」と のばす おん

よんで かいてみよう ③

なまえ

ことばを よんで ひらがなを なぞりましょう。

びょういん

ちゅうしゃ

きょうしつ

きゅうしょく

きょうかしょ

ちゅうしゃじょう

ちいさい「ゃ・ゅ・ょ」と
のばす　おん

たくさん　かこう①

なまえ

ちいさい　「ゃ・ゅ・ょ」と　のばす　おんに　きを　つけて
かきましょう。

ひょう

だちょう

かいじゅう

はくちょう

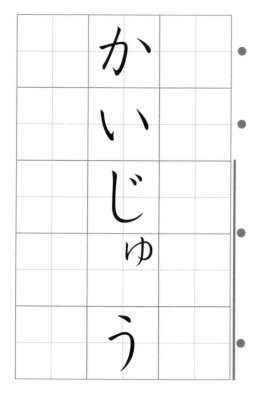

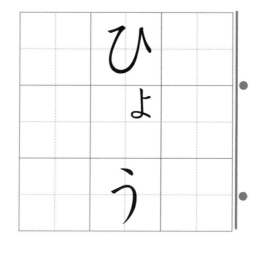

ちいさい「ゃ・ゅ・ょ」と のばす おん
たくさん かこう②

なまえ

ちいさい「ゃ・ゅ・ょ」と のばす おんに きを つけて かきましょう。

しょうぎ

べんきょう

りょうて

がっしょう

ちきゅうぎ

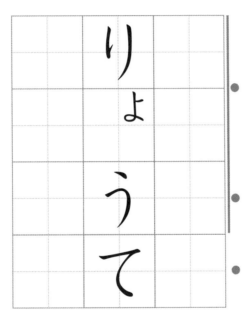

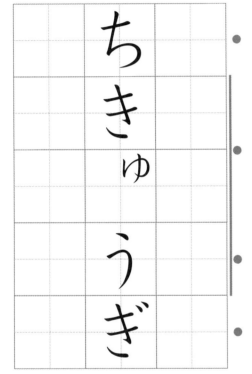

ちいさい「や・ゆ・よ」と のばす おん
たくさん かこう ③

なまえ

ちいさい 「や・ゆ・よ」と のばす おんに きを つけて かきましょう。

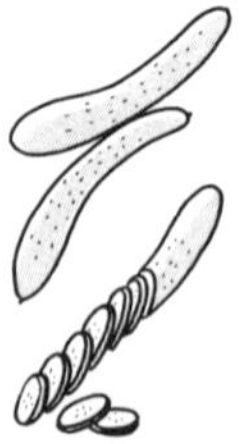

きゅうり

ぎょうざ

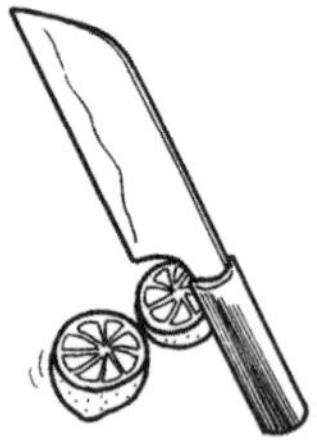

ほうちょう

ぎゅうにゅう

りょうり

ちいさい「ゃ・ゅ・ょ」と
のばす　おん

たくさん　かこう ④

なまえ

ちいさい「ゃ・ゅ・ょ」と　のばす　おんに　きを　つけて　かきましょう。

ききゅう

じょうろ

ちょうちょ

きょうだい

にゅうどうぐも

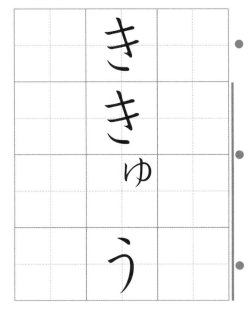

ちいさい「ゃ・ゅ・ょ」と のばす おん たくさん かこう ⑤

なまえ

ちいさい「ゃ・ゅ・ょ」と のばす おんに きを つけて かきましょう。

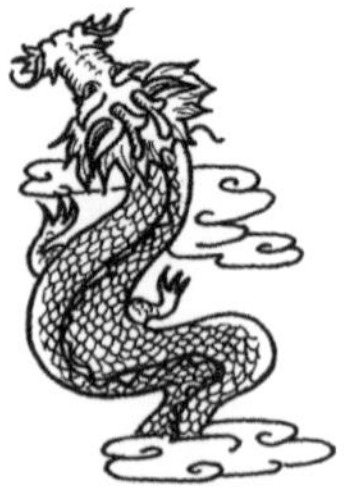

りゅう

びょういん

ちゅうしゃ

ちいさい「ゃ・ゅ・ょ」と のばす おん

たくさん かこう ⑥

なまえ

ちいさい「ゃ・ゅ・ょ」と のばす おんに きを つけて かきましょう。

きゅうしょく

きょうしつ

きょうかしょ

きょうそう

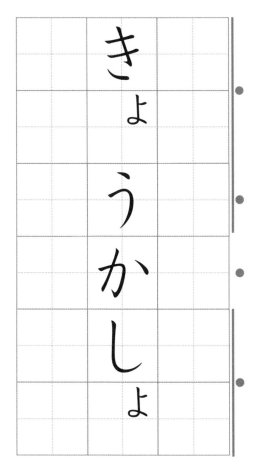

ちいさい「ゃ・ゅ・ょ」と のばす おん

かけるかな① A

なまえ

□に あてはまる もじを いれて、 えに あう ことばを ひらがなで かきましょう。

り□□

だち□□

し□□ぎ

かいじ□□

ち□□ち□

き□□し□く

ちいさい「ゃ・ゅ・ょ」と のばす おん

かけるかな ① B

なまえ

ちいさい「ゃ・ゅ・ょ」と のばす おんに きを つけて えに あう ことばを ひらがなで かきましょう。

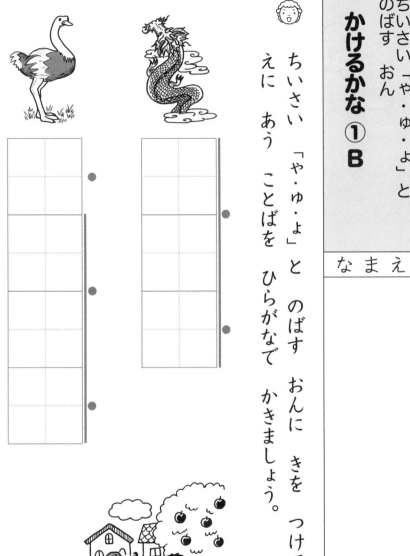

ちいさい「ゃ・ゅ・ょ」と
のばす　おん

かけるかな ② A

なまえ

□に　あてはまる　もじを　いれて、えに　あう　ことばを　ひらがなで　かきましょう。

ひ□□

きき□□

じ□□ろ

ち□□し□

び□□いん

き□□かし□

ちいさい「ゃ・ゅ・ょ」と のばす おん

かけるかな ② B

なまえ

ちいさい 「ゃ・ゅ・ょ」と のばす おんに きを つけて えに あう ことばを ひらがなで かきましょう。

ちいさい「ゃ・ゅ・ょ」と のばす おん
かけるかな ③ A

なまえ

□に あてはまる もじを いれて、えに あう ことばを ひらがなで かきましょう。

り□□て

ぎ□□ざ

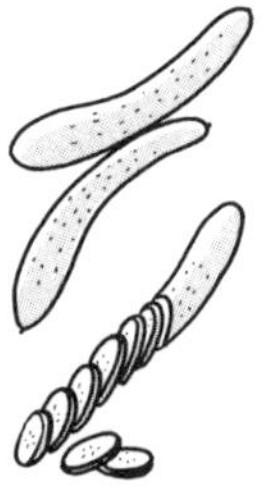

き□□り

ちき□□ぎ

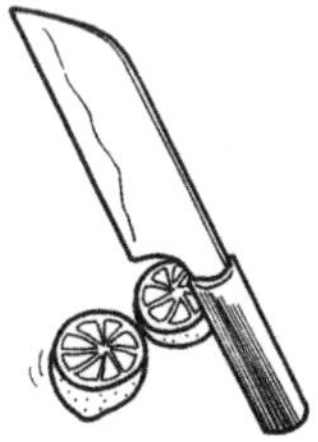

ほう□□□

き□□しつ

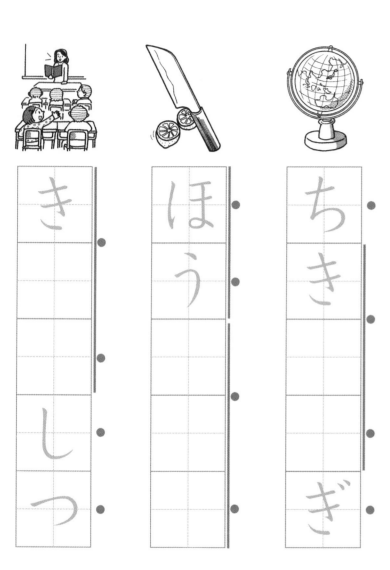

ちいさい「や・ゆ・よ」と のばす おん

かけるかな③B

なまえ

ちいさい「や・ゆ・よ」と のばす おんに きを つけて えに あう ことばを ひらがなで かきましょう。

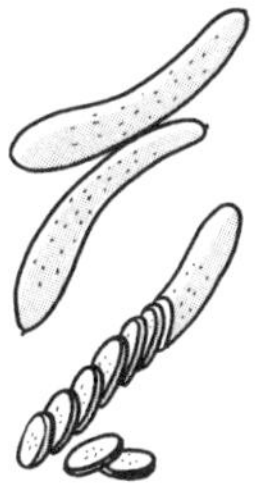

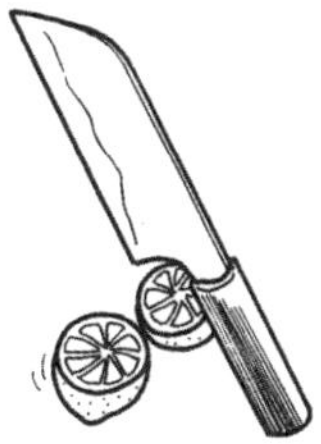

ちいさく　かく　もじ

よんで　かいてみよう

なまえ

ことばを　よんで　ひらがなで　かきましょう。

しゃっくり

ひゃっぴき

しゅっせき

しゅっぱつ

しょっき

しょっかく

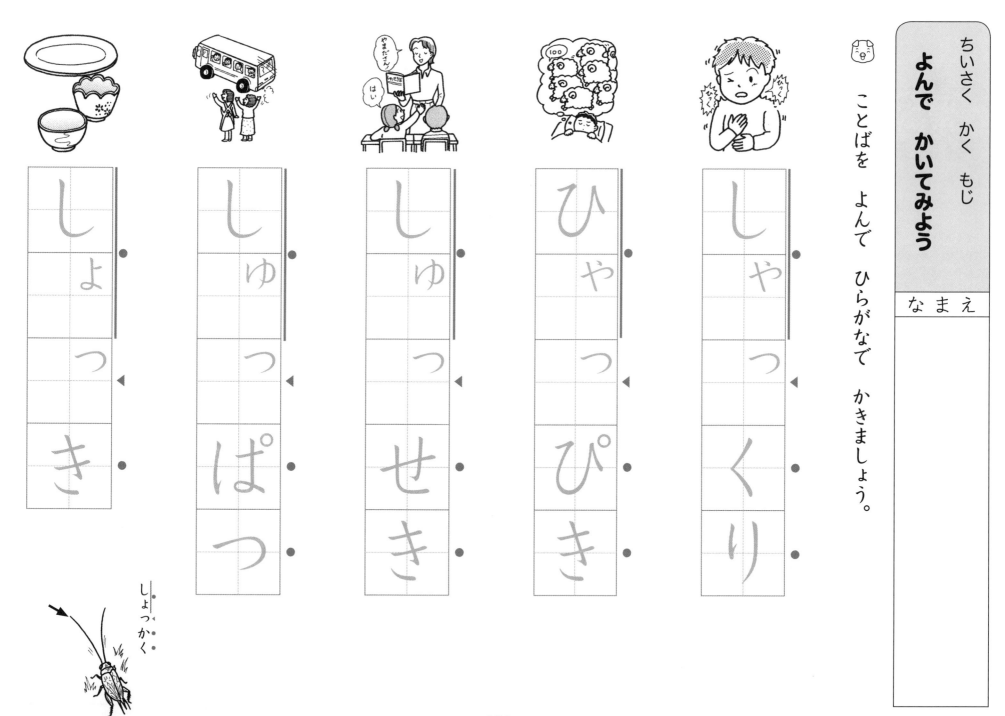

ちいさく かく もじ

たくさん かこう ①

なまえ

ちいさい「や・ゆ・よ」と ちいさい「っ」に きを つけて かきましょう。

しゃっくり

しゅっせき

しょっき

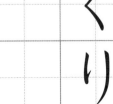

ちいさく かく もじ

たくさん かこう ②

なまえ

ちいさい 「や・ゆ・よ」と ちいさい 「つ」に きを つけて かきましょう。

ひゃっぴき

しゅっぱつ

しょっかく

にょっきり めが でる。

しゅっちょう

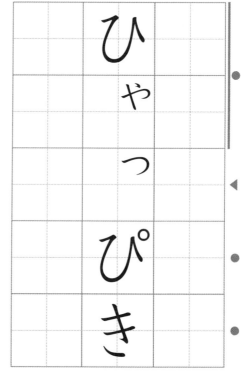

ちいさく かく もじと
のばす おん

かけるかな ①A

なまえ

□に あてはまる もじを いれて、 えに あう ことばを ひらがなで かきましょう。

じ□□ろ

し□□ぎ

し□□くり

ち□□し□

し□□ぱつ

き□□かし□

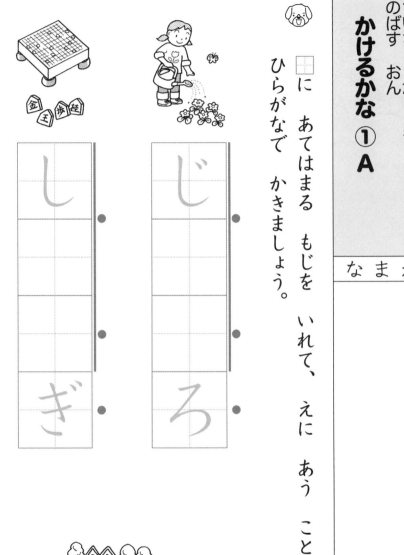

ちいさく かく もじと のばす おん
かけるかな ① B

なまえ

ちいさく かく もじや のばす おんに きを つけて えに あう ことばを ひらがなで かきましょう。

ちいさく かく もじと のばす おん

かけるかな ② A

なまえ

□に あてはまる もじを いれて、えに あう ことばを ひらがなで かきましょう。

り□□て

し□□き

ち□□ち□

し□□せき

き□□しつ

き□□し□く

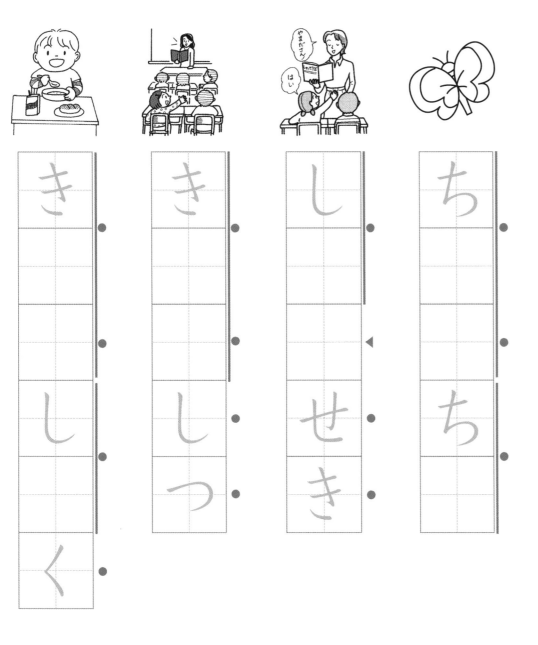

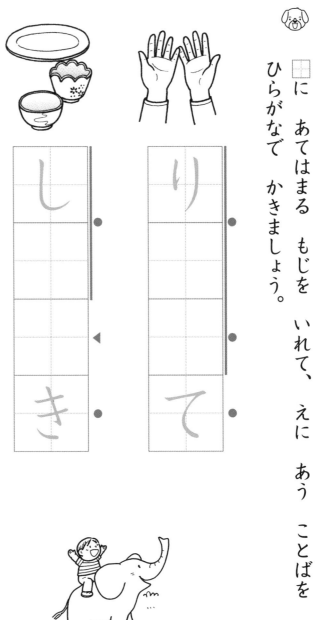

ちいさく かく もじと のばす おん かけるかな ② B

なまえ

ちいさく かく もじや のばす おんに きを つけて えに あう ことばを ひらがなで かきましょう。

ちいさい「や・ゆ・よ」

「きゃ」が あるかな

なまえ

「きゃ（キャ）」が つく ことばに ○を しましょう。

ちいさい「や・ゆ・よ」

「きゅ」が　あるかな

なまえ

「きゅ（キュ）」が　つく　ことばに　○を　しましょう。

ちいさい「ゃ・ゅ・ょ」

「きょ」が　あるかな

なまえ

「きょ（キョ）」が　つく　ことばに　○を　しましょう。

ちいさい「ゃ・ゅ・ょ」

「しゃ」が あるかな

なまえ

「しゃ（シャ）」が つく ことばに ○を しましょう。

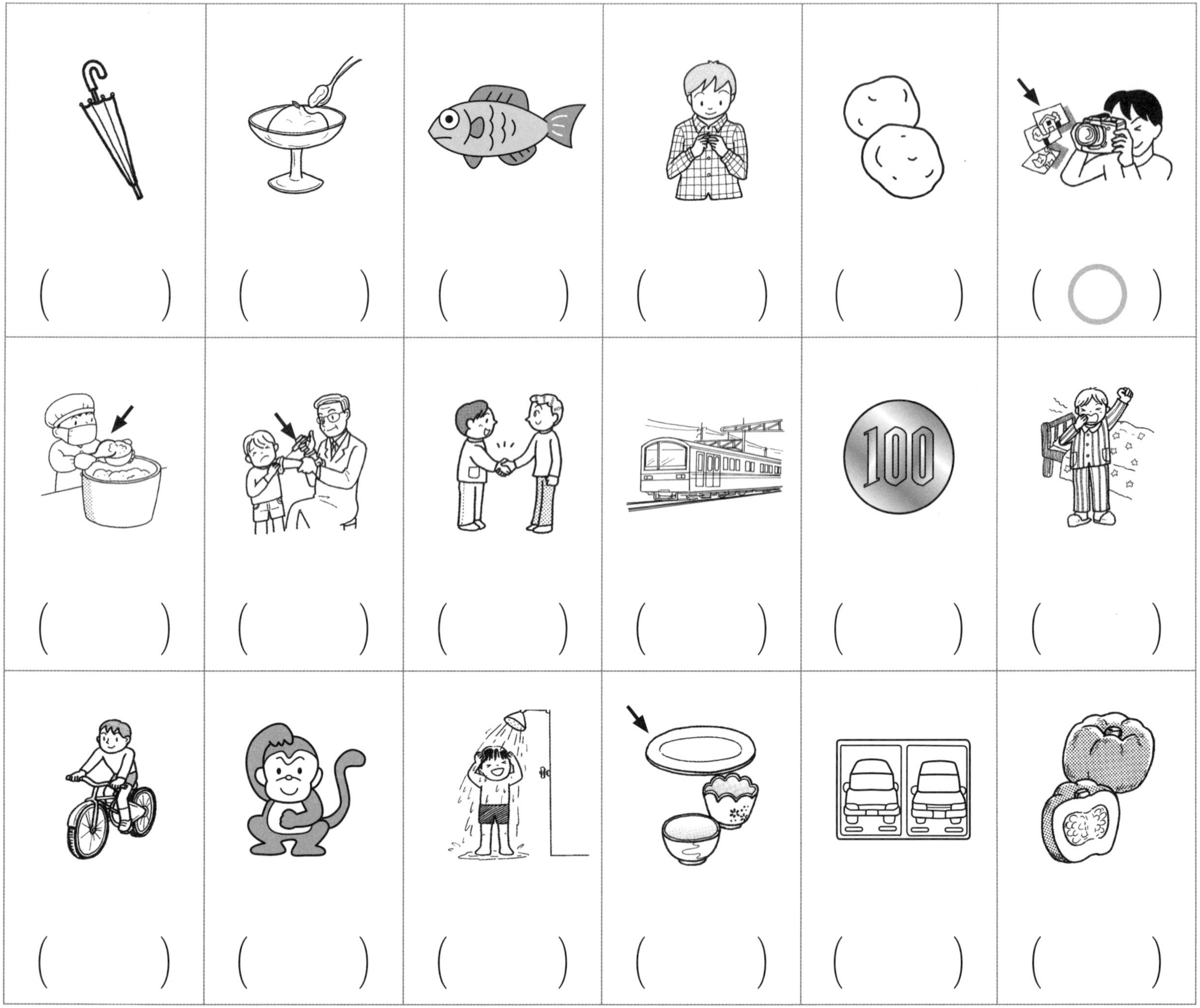

ちいさい「や・ゆ・よ」

「しゅ」が あるかな

なまえ

「しゅ（シュ）」が つく ことばに ○を しましょう。

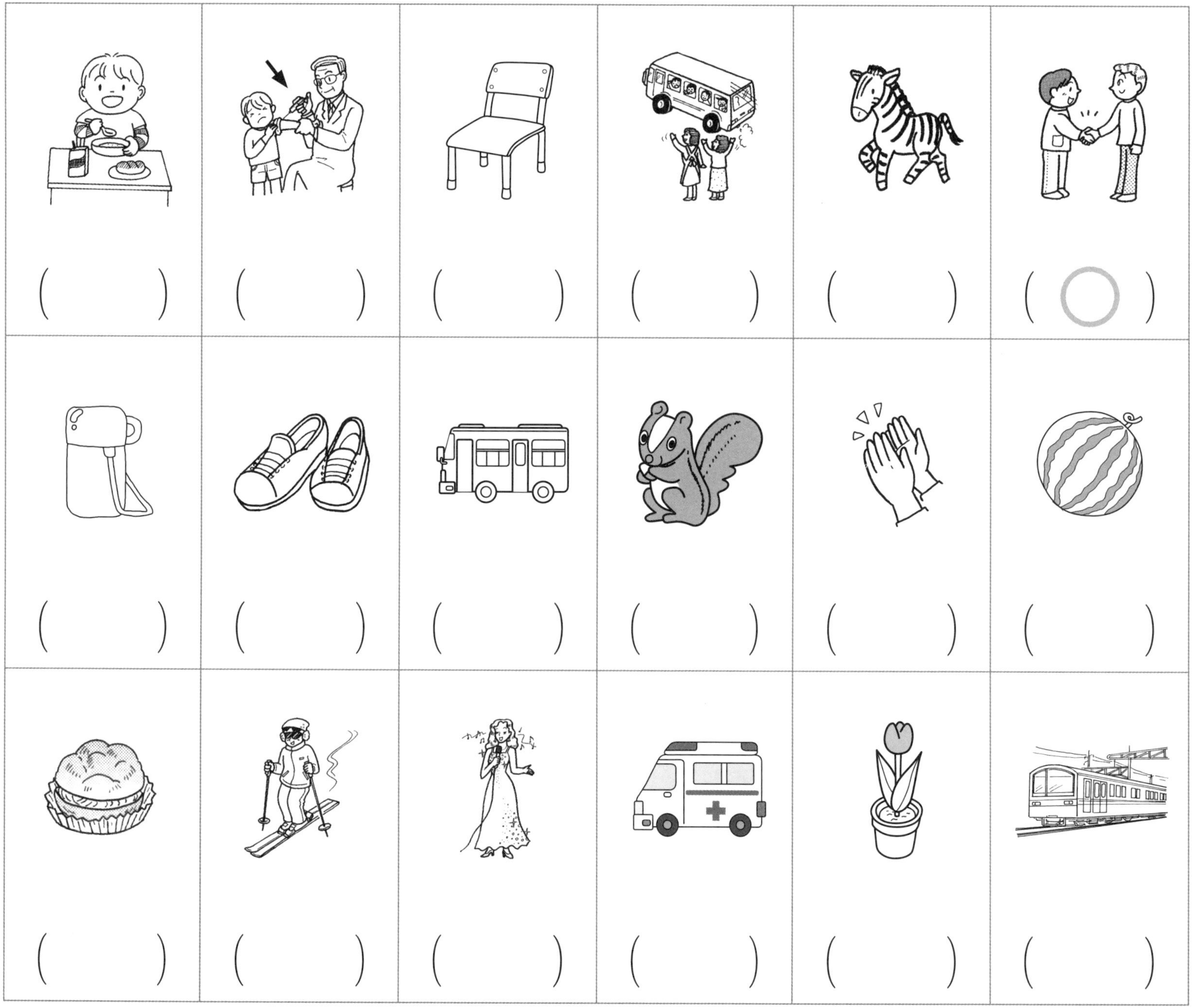

ちいさい「や・ゆ・よ」

「しょ」が　あるかな

なまえ

「しょ（ショ）」が　つく　ことばに　○を　しましょう。

ちいさい「や・ゆ・よ」

「ちゃ」が あるかな

なまえ

「ちゃ（チャ）」が つく ことばに ○を しましょう。

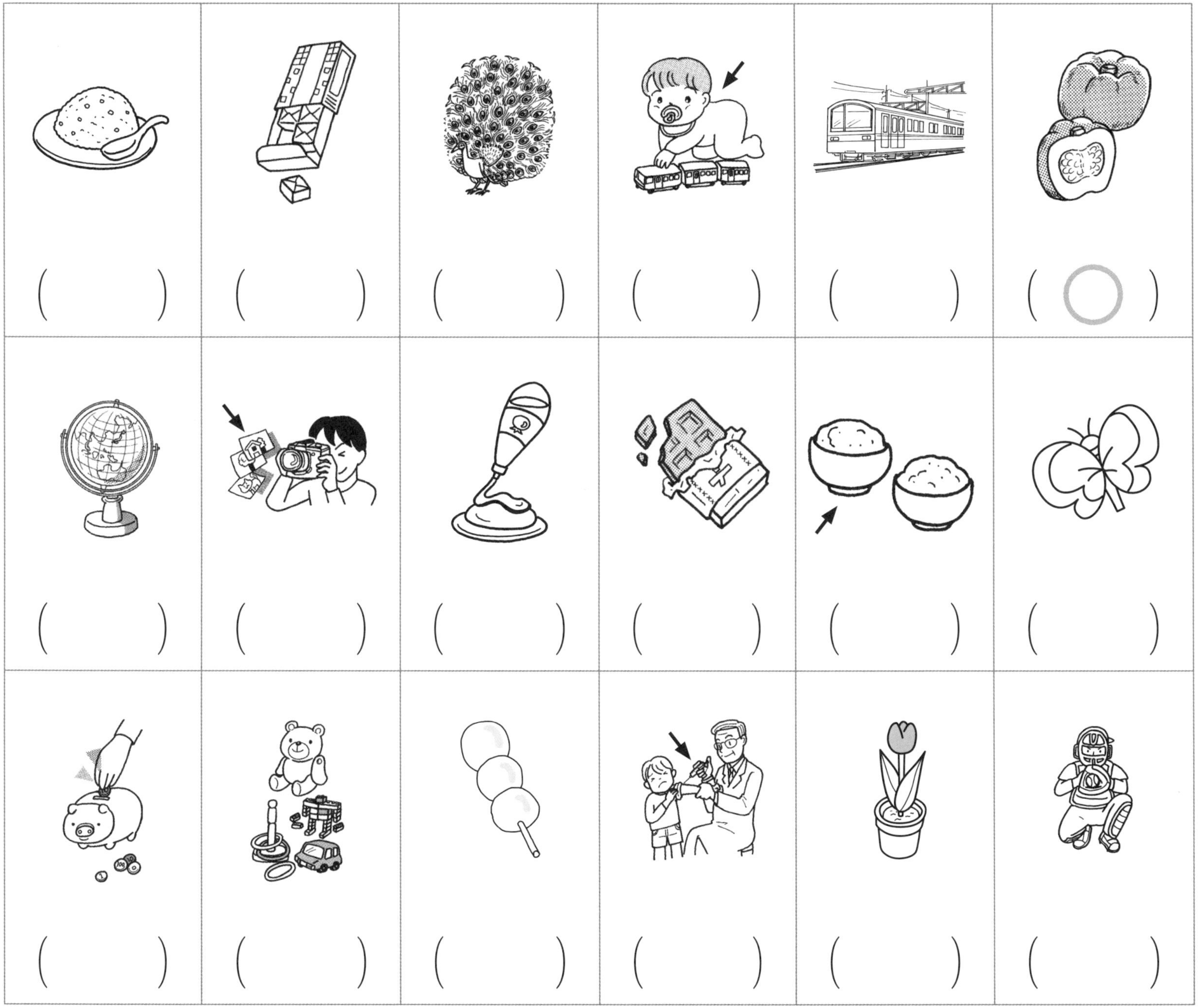

ちいさい「ゃ・ゅ・ょ」

「ちゅ」が　あるかな

なまえ

「ちゅ（チュ）」が　つく　ことばに　○を　しましょう。

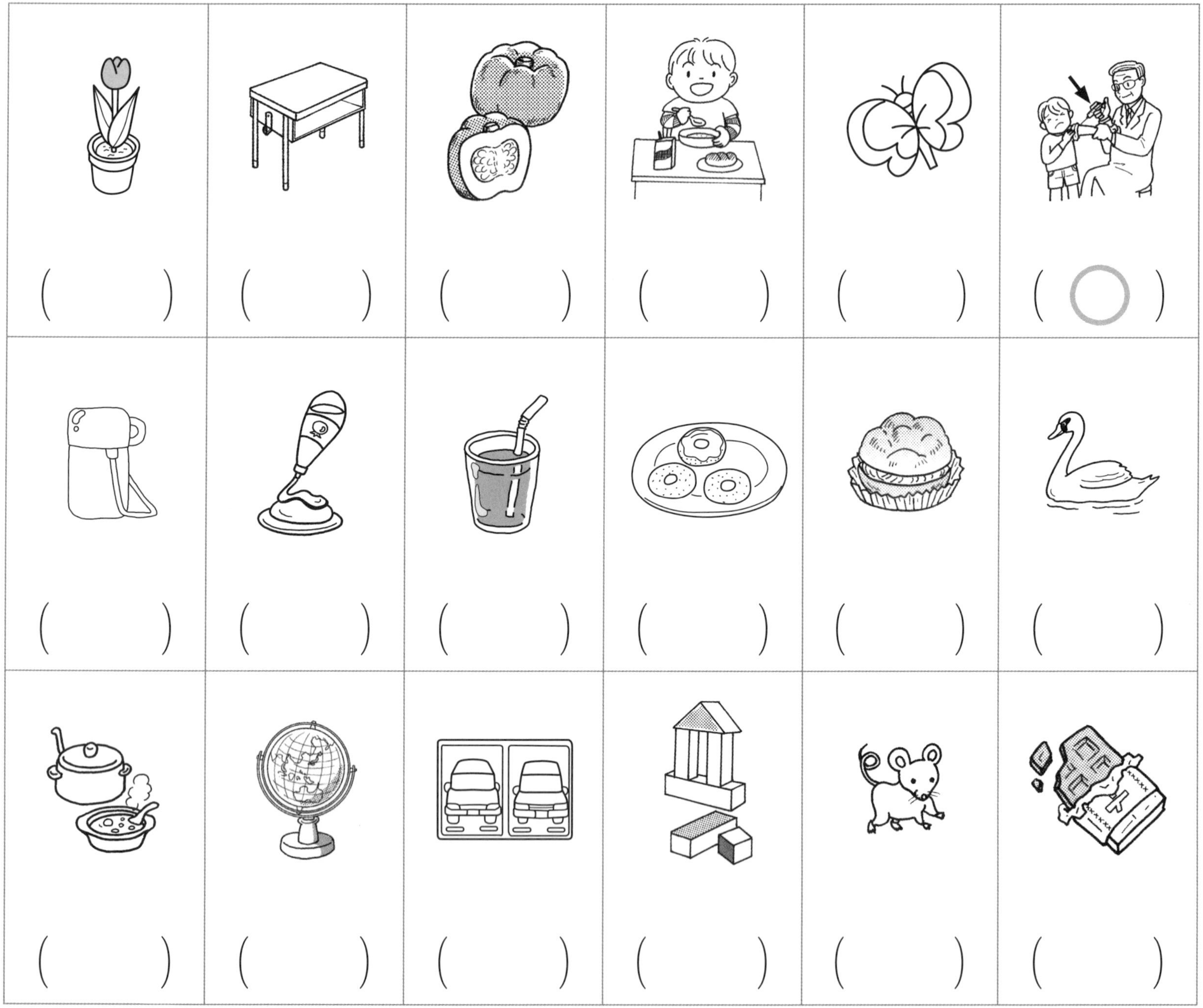

ちいさい「や・ゆ・よ」

「ちょ」が あるかな

なまえ

「ちょ（チョ）」が つく ことばに ○を しましょう。

ちいさい「ゃ・ゅ・ょ」

ことばあそび　めいろ

なまえ

ことばが　ただしい　ほうを　とおって　すすみましょう。　したの　えの　□には　はた（▷）の　すうじを　かきましょう。

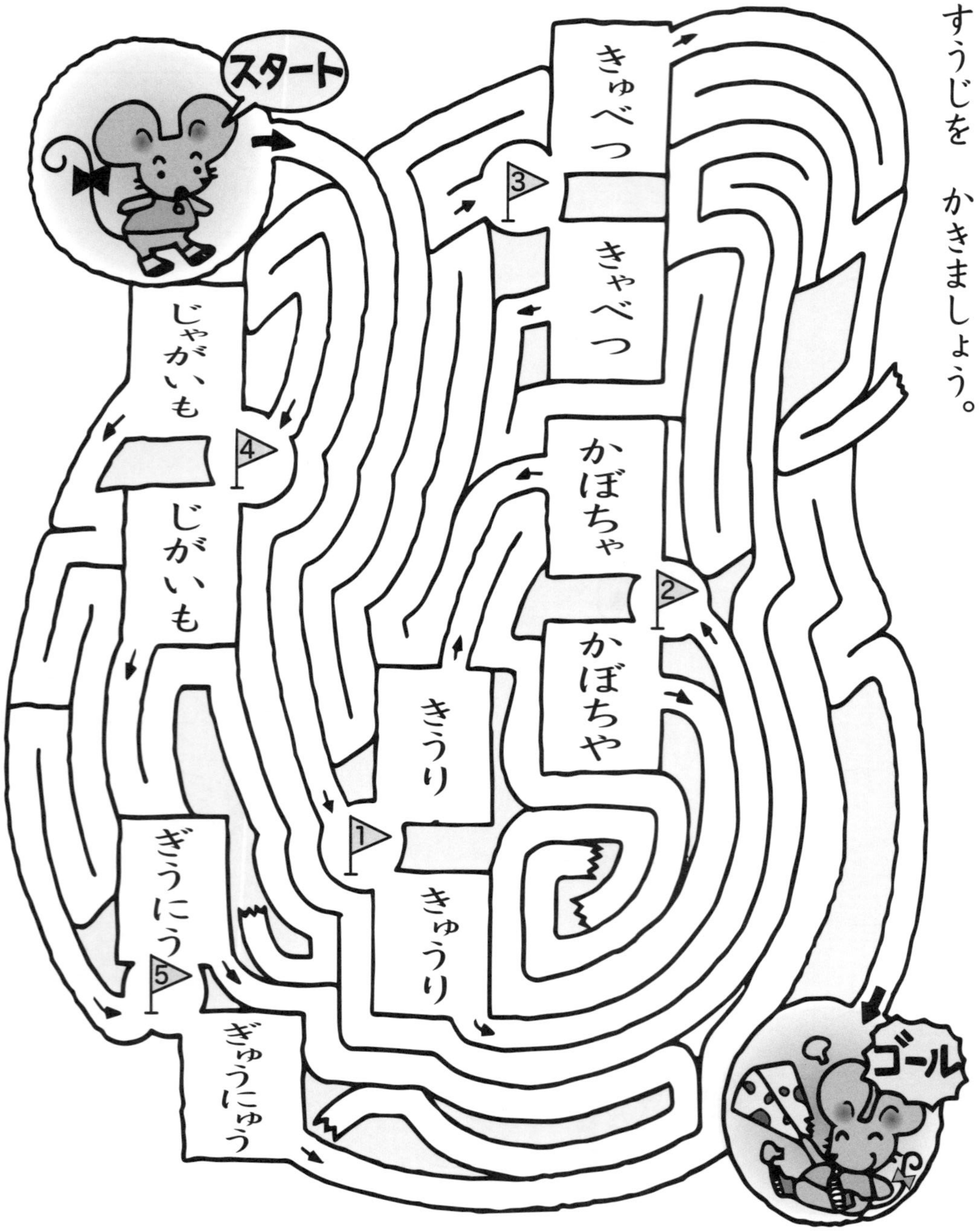

ちいさい「ゃ・ゅ・ょ」
ことばあそび しりとり

なまえ

えに あう ことばを かいて、しりとりを しましょう。

き□うし□

つ□□□

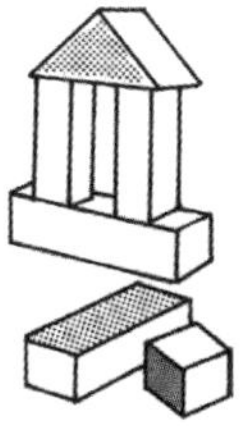

きき□□

□さ□

ぎ□□に□□

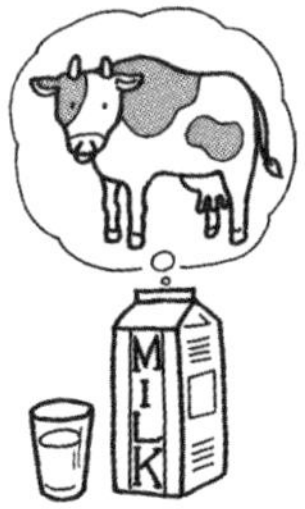

□し

□□□□かく

ちいさい「や・ゆ・よ」

ことばあそび もじを つなごう

なまえ

えを みて □ に もじを かきましょう。

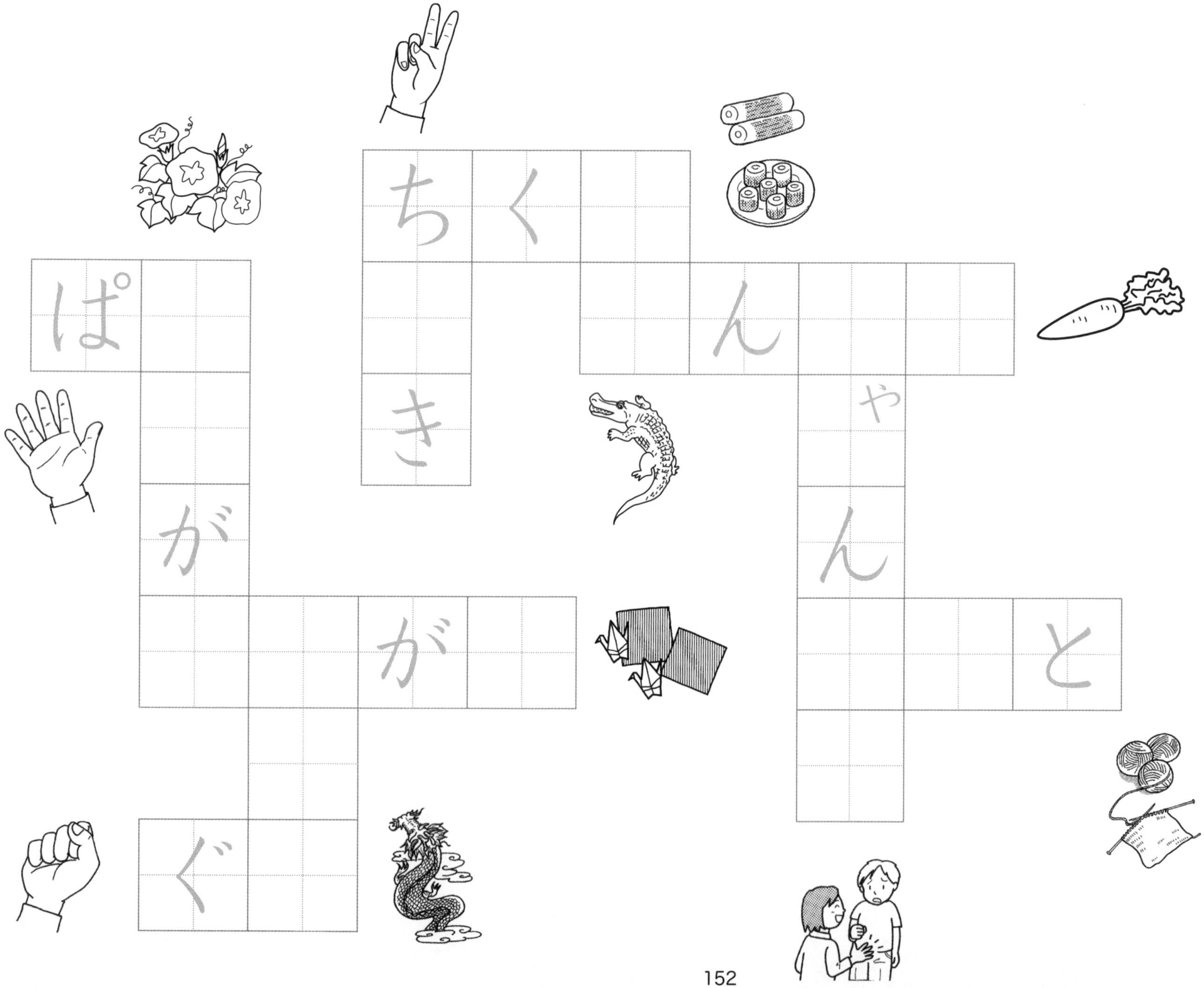

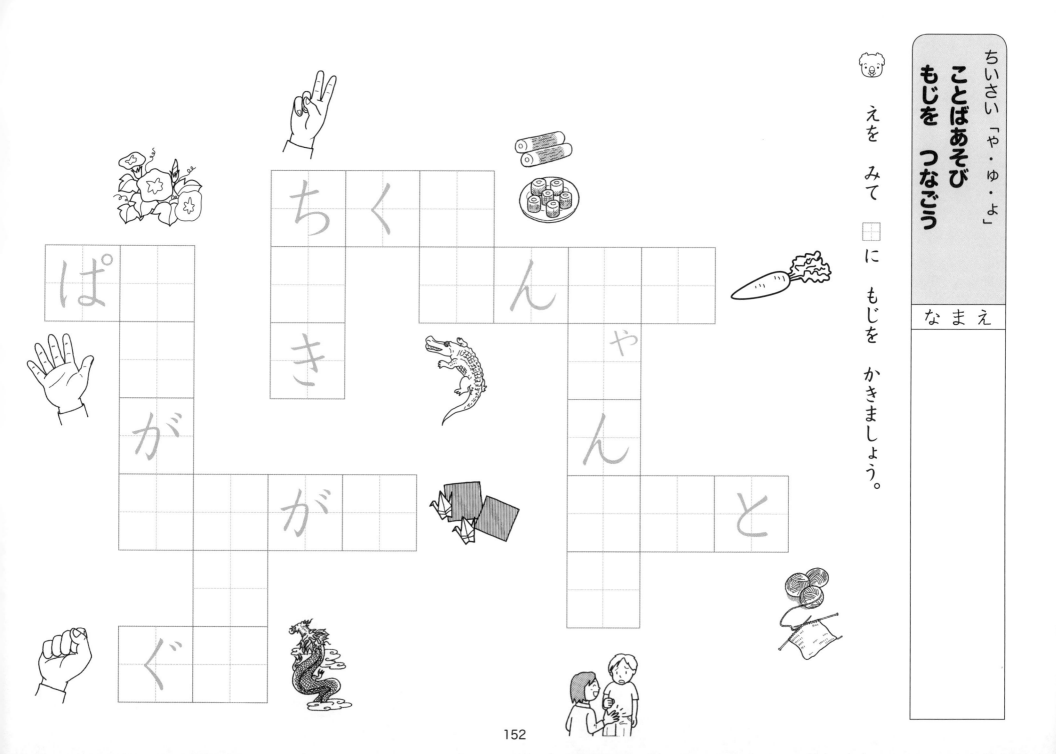

ちいさい「ゃ・ゅ・ょ」

ことばあそび　さがしてみよう（1れつ）①

なまえ

ちいさい「ゃ・ゅ・ょ」の　つく　ことばを　さがして　▢　で　かこみましょう。

①	3こ	きゅうしょくめきんぎょろずあおもちゃえや
②	3こ	かでんしゃぐしゃもじめじてんしゃくけしや
③	3こ	ちかぼちゃめぬなぎょうざれわきゅうりいひ
④	3こ	あけちょうちょゆふしょっきせてちゅうしゃ

↑ことばの　かず

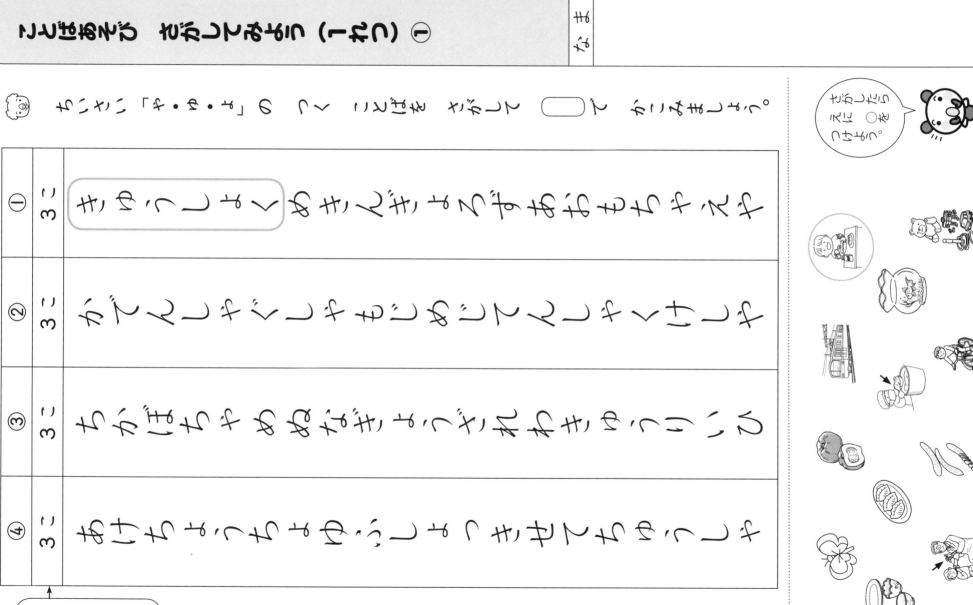

ちいさい「ゃ・ゅ・ょ」

ことばあそび　さがしてみよう（1れつ）②

なまえ

どうぶつを　あらわす　ことばを　さがして　□で　かこみましょう。

	ことばの かず	
①	4こ	た［ごりら］わだちょうきぬたぬきけいるかろこ
②	3こ	おっとせいむつらいおんがにわとりとれみも
③	4こ	ねひつじるずおおかみひほきりんわきつねて
④	4こ	ほあひるめるしらっこぬおらくだにひょうけ
⑤	3こ	いむぞうたみしまうまもけぺんぎんるをそや

さがしたら
えに ○を
つけよう。

ちいさい「や・ゆ・よ」

ことばあそび
おなじ もじを いれよう

なまえ

ただしい ことばに なるように □に それぞれ おなじ もじを いれて かきましょう。

おなじ もじ

① ちょうちょ

② ほ□ちょ□

③ き□うかし□

④ ぎ□うに□う

⑤ □じゃ□

⑥ □□ゅう

かけたら
えに ○を
つけよう。
MILK

ちいさい「ャ・ュ・ョ」

こえに だして よもう かいてみよう ①

なまえ

こえに だして よみましょう。
ちいさい 「ャ・ュ・ョ」に きを つけて なぞりましょう。

キャ　ギャ　シャ　ジャ　チャ　ヂャ

キュ　ギュ　シュ　ジュ　チュ　ヂュ

キョ　ギョ　ショ　ジョ　チョ　ヂョ

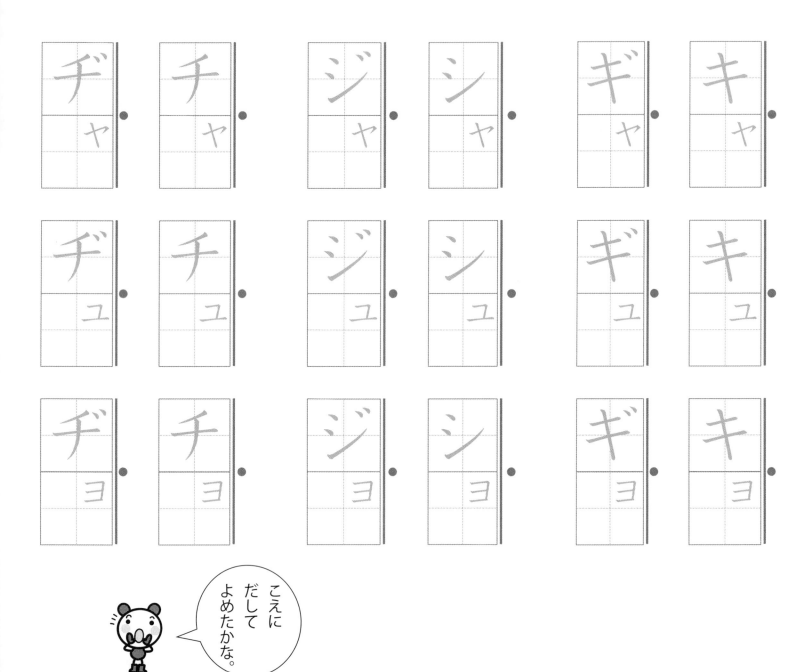

ちいさい「ャ・ュ・ョ」

こえに だして よもう かいてみよう②

なまえ

こえに だして よみましょう。
ちいさい「ャ・ュ・ョ」に きを つけて なぞりましょう。

ニャ ヒャ ビャ ピャ ミャ リャ

ニュ ヒュ ビュ ピュ ミュ リュ

ニョ ヒョ ビョ ピョ ミョ リョ

ちいさい「ャ・ュ・ョ」を かく ところに きを つけよう。

ちいさい「ャ・ュ・ョ」

カタカナで かこう ① A

なまえ

えを みて カタカナで ことばを かきましょう。

シャツ

パジャマ

ジャム

シャワー

キャベツ

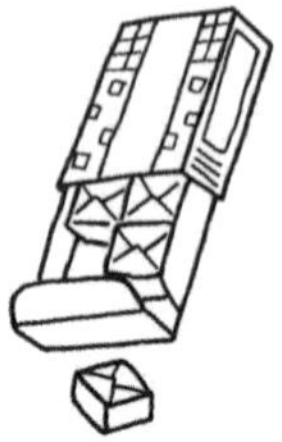

キャラメル

ショベルカー

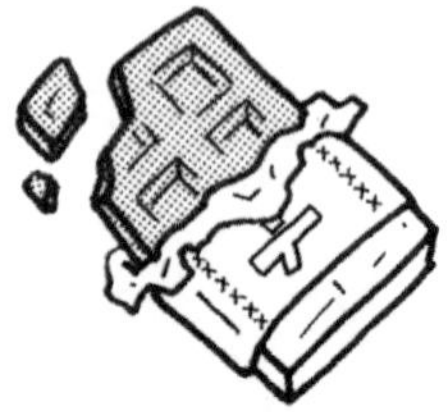

チョコレート

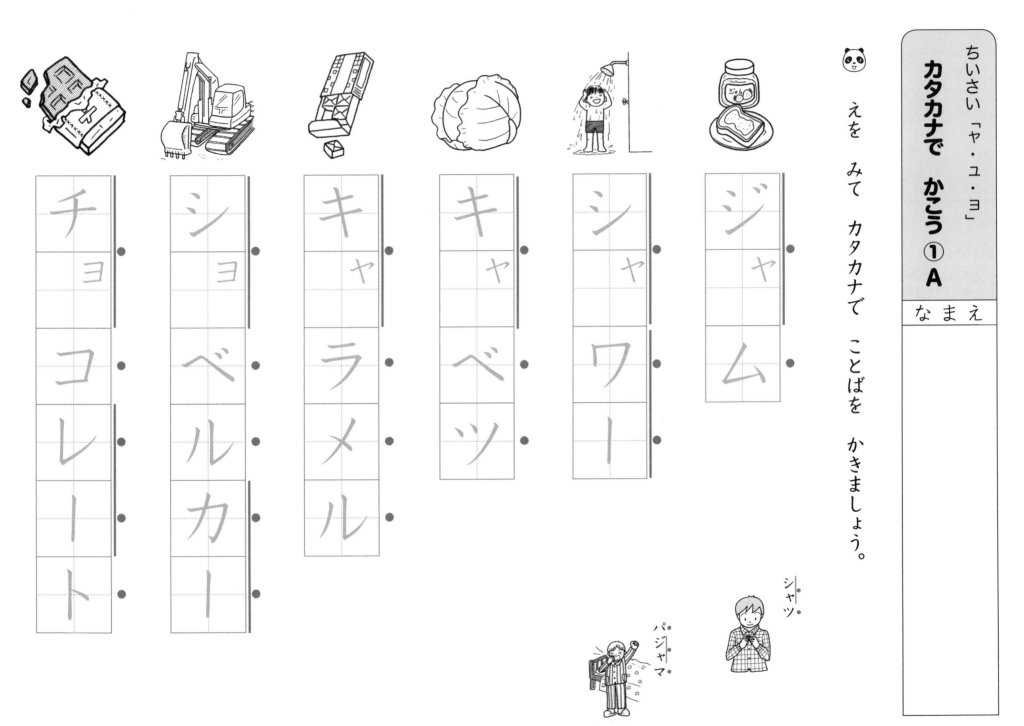

ちいさい「ャ・ュ・ョ」

カタカナで かこう ① B

なまえ

ちいさく かく もじや のばす おんに きを つけて えに あう ことばを カタカナで かきましょう。

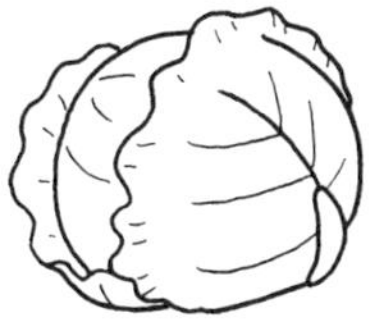

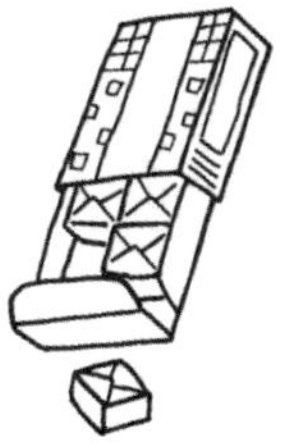

シャツ

パジャマ

マンション

チャンピオン

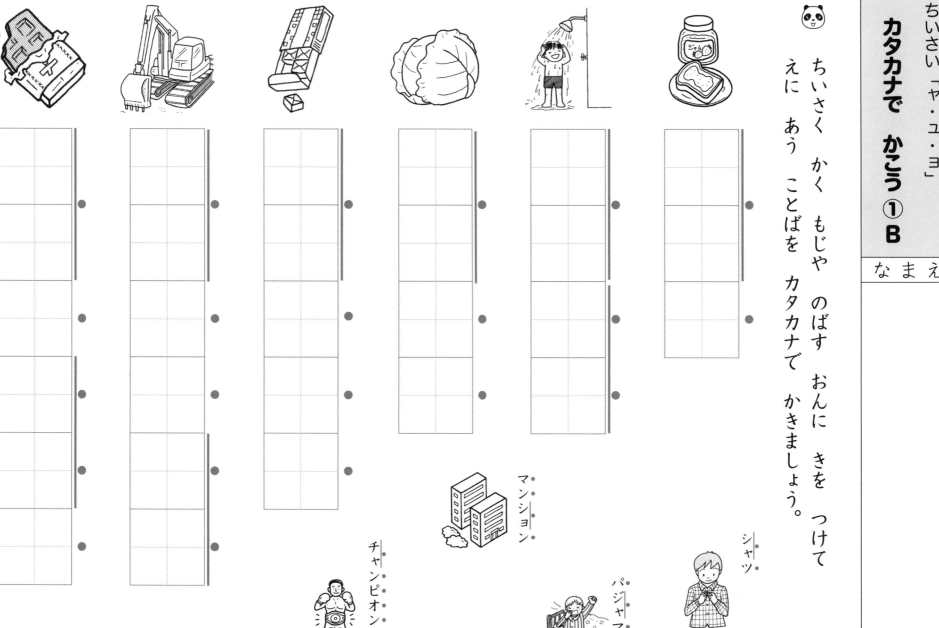

ちいさい「ャ・ュ・ョ」

カタカナで かこう ② A

なまえ

えを みて カタカナで ことばを かきましょう。

シューズ

ニュース

ジュース

チョーク

チャーハン

チューリップ

シャーベット

シュークリーム

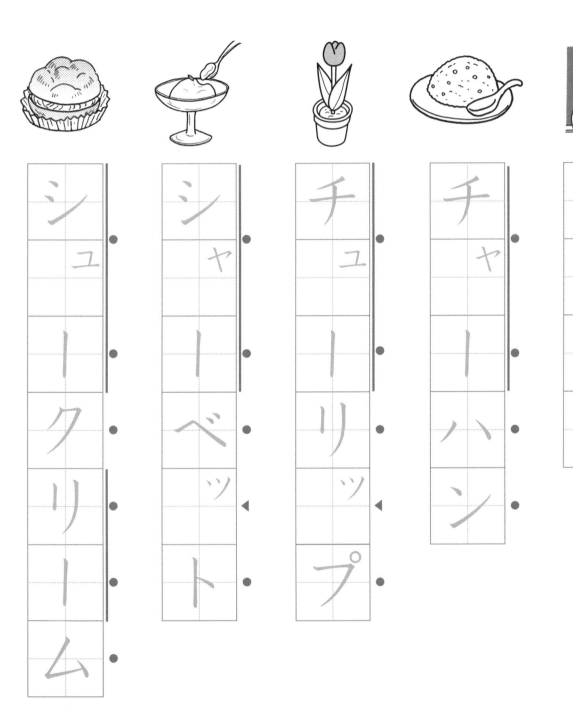

ちいさい「ャ・ュ・ョ」

カタカナで かこう ② B

なまえ

ちいさく かく もじや のばす おんに きを つけて えに あう ことばを カタカナで かきましょう。

シューズ

ニュース

シチュー

キャンプ

バーベキュー

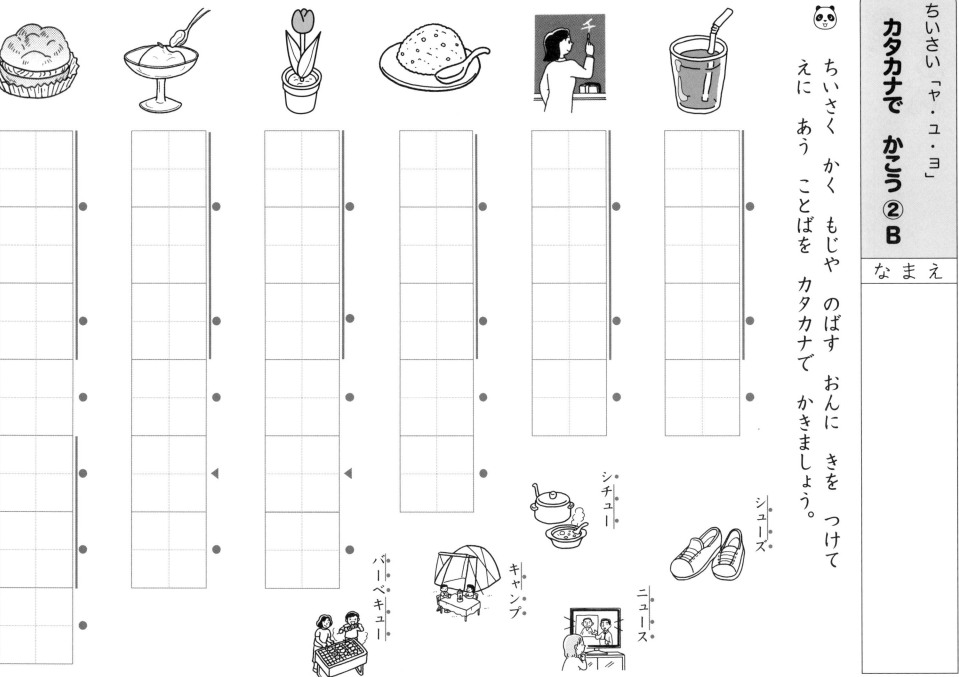

ちいさい「ャ・ュ・ョ」

カタカナで かこう③A

なまえ

えを みて カタカナで ことばを かきましょう。

キャップ

シャッター

ケチャップ

ショッピング

リュックサック

キャッチボール

ショック

ちいさい「ャ・ュ・ョ」

カタカナで　かこう ③ B

なまえ

ちいさく　かく　もじや　のばす　おんに　きを　つけて　えに　あう　ことばを　カタカナで　かきましょう。

ショック

ピッチャー

キャッチャー

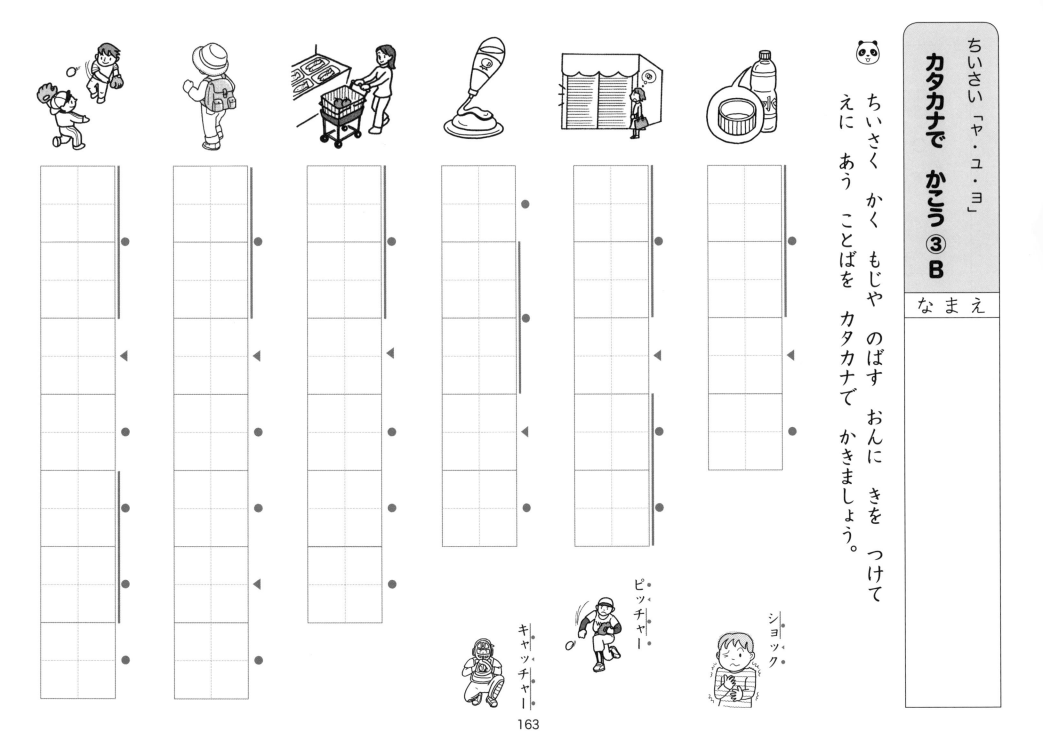

ちいさい「っ」

26
頁

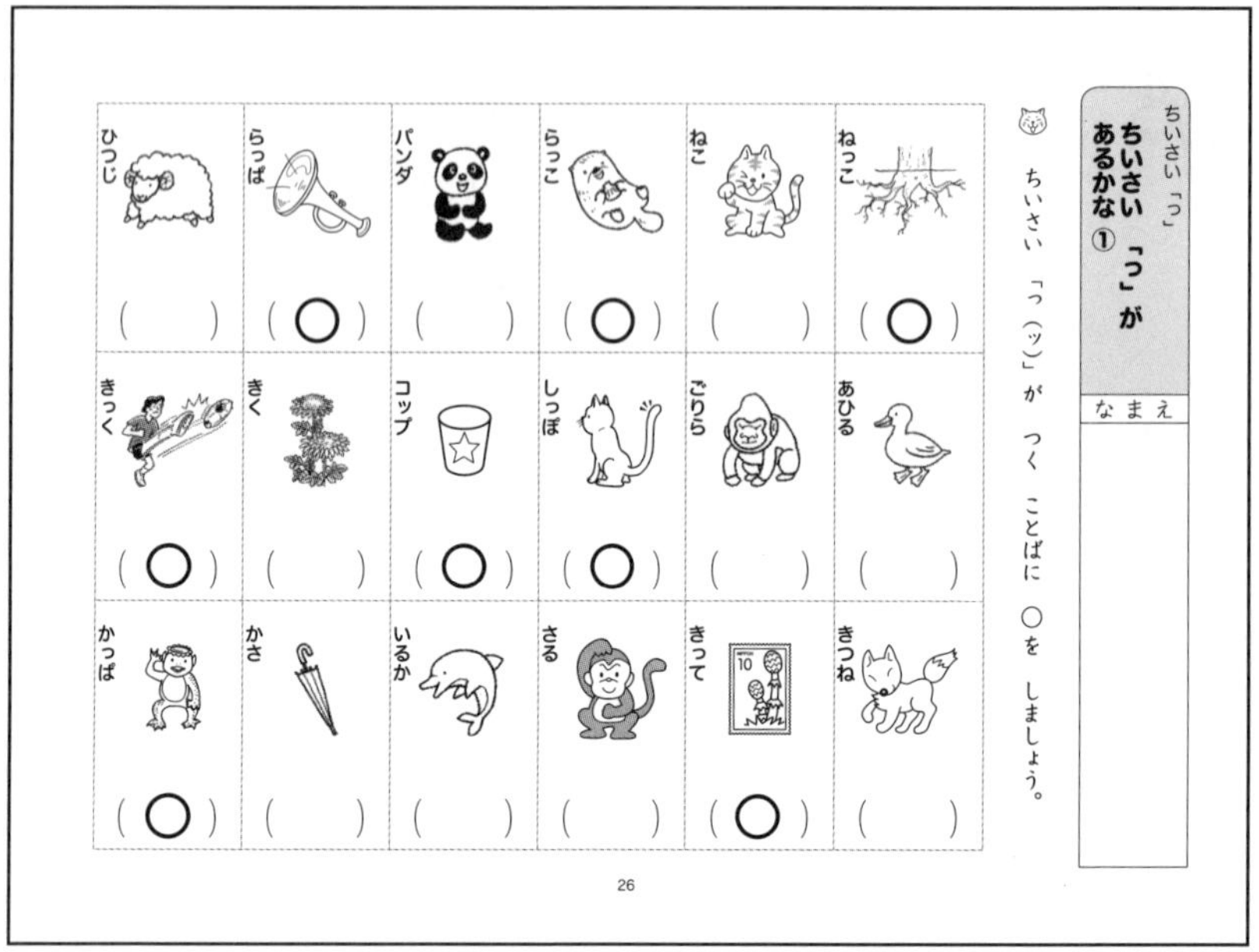

27
頁

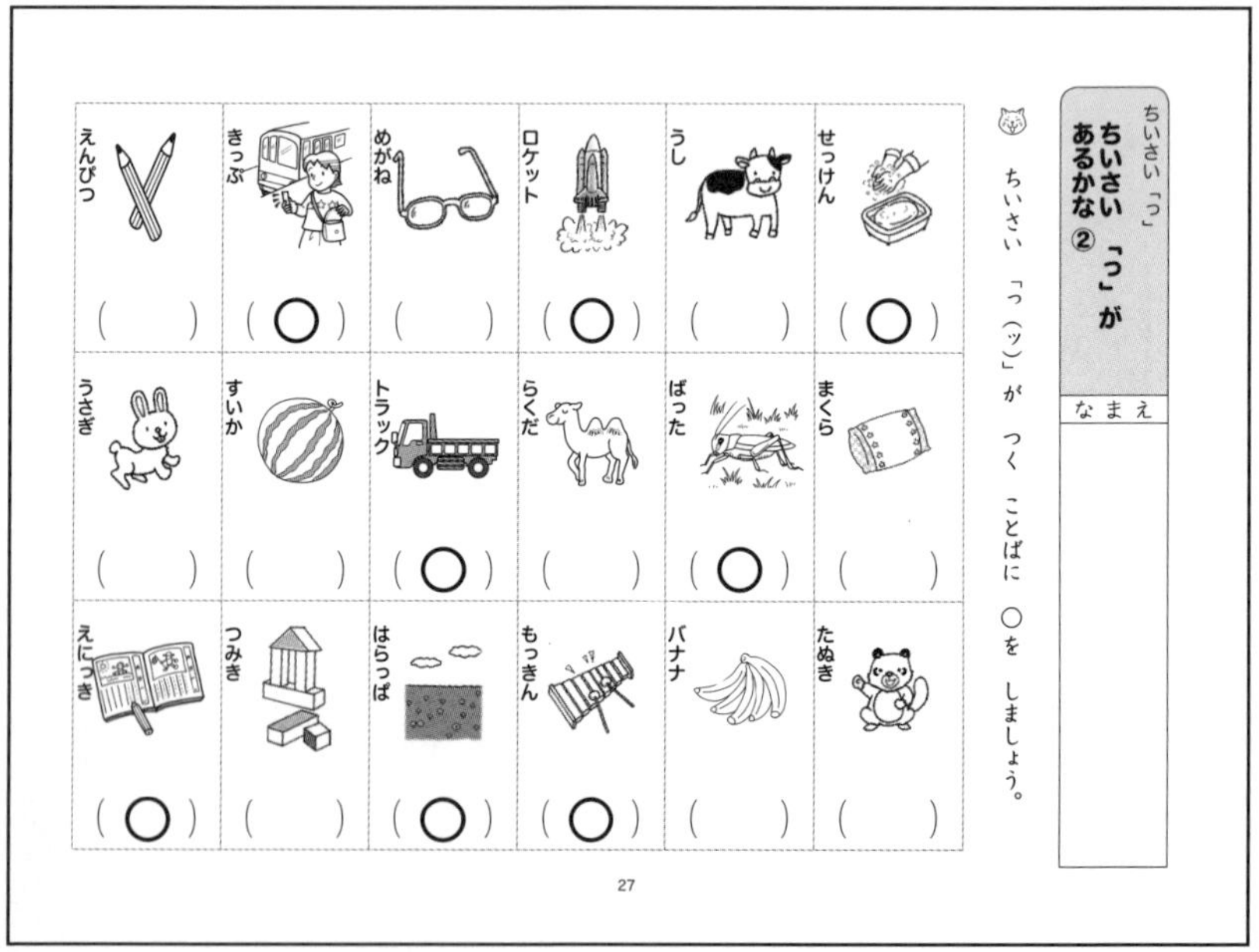

28
頁

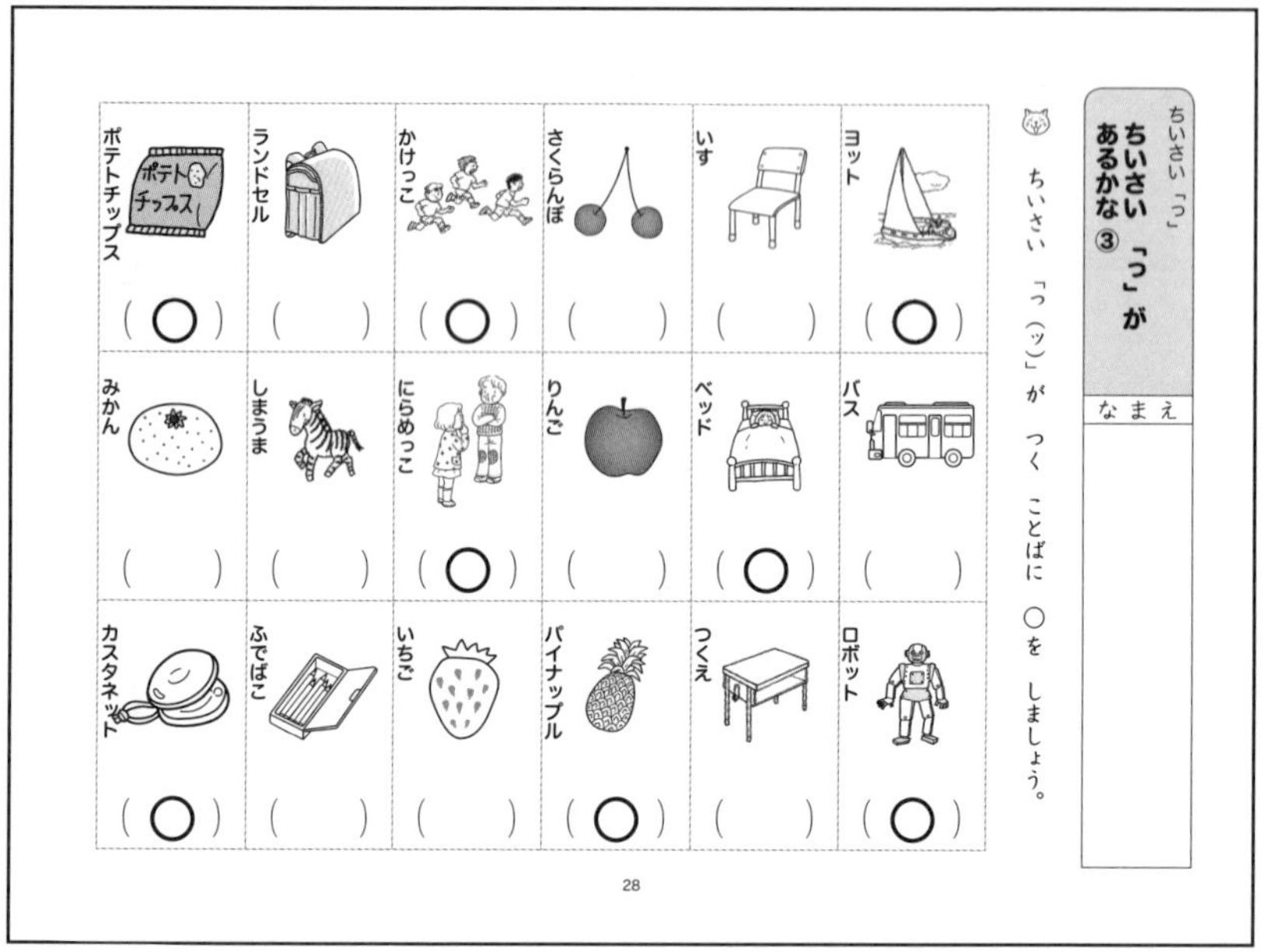

29
頁

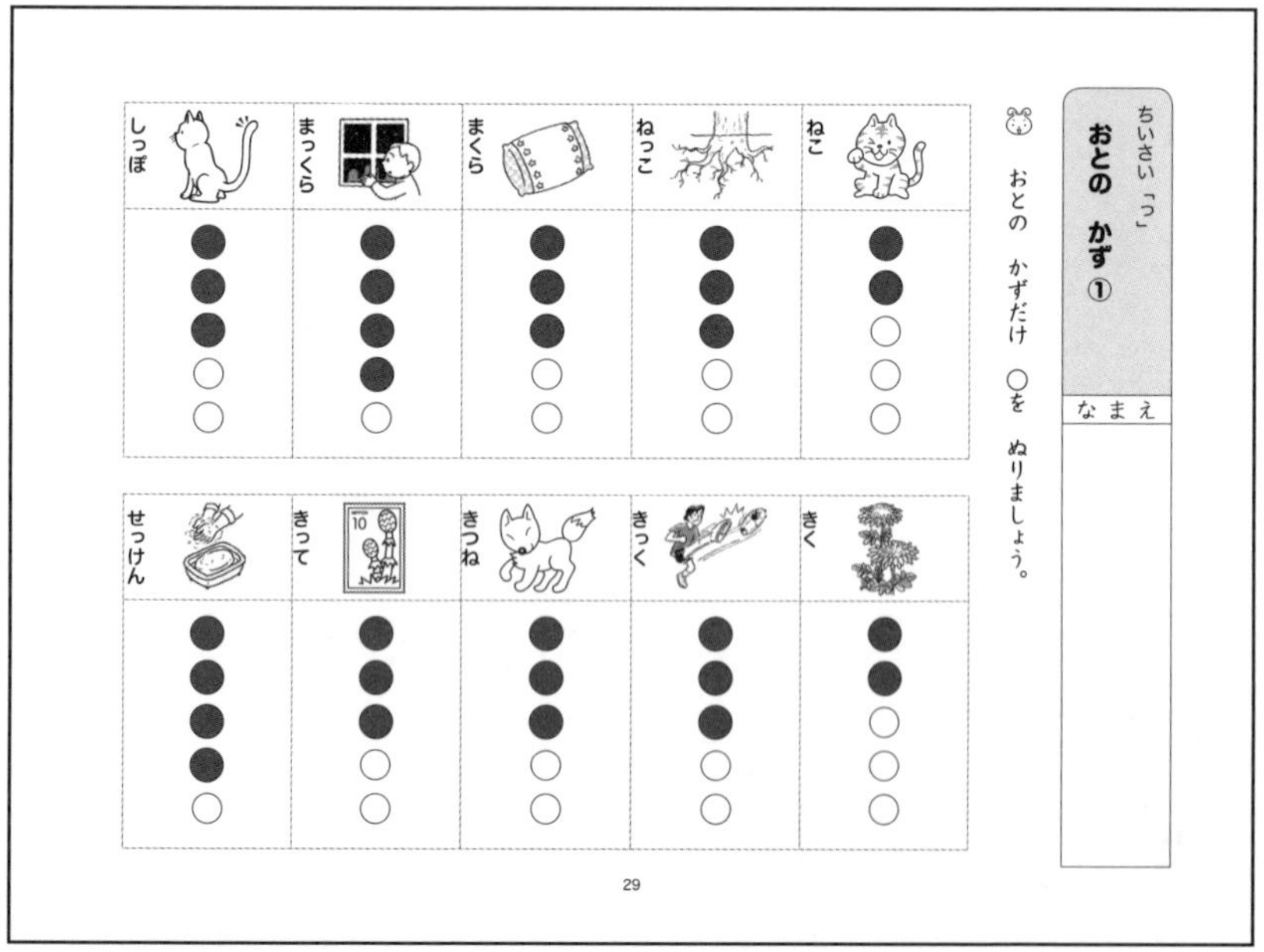

30頁

ちいさい「っ」 おとの かず②

なまえ

おとの かずだけ ○を ぬりましょう。

ことば	こたえ
きって	●●●○○
かっぱ	●●●○○
らっこ	●●●○○
ばった	●●●○○
らっぱ	●●●○○
かけっこ	●●●●○
せっけん	●●●●○
えにっき	●●●●○
もっきん	●●●●○
はらっぱ	●●●●○

30

31頁

ちいさい「っ」 おとの かず③

なまえ

おとの かずだけ ○を ぬりましょう。

ことば	こたえ
きって	●●●○○
かけっこ	●●●●○
ばった	●●●○○
もっきん	●●●●○
にらめっこ	●●●●●
ねっこ	●●●○○
えにっき	●●●●○
せっけん	●●●●○
まっしろ	●●●●○
しっぽ	●●●○○

31

32頁

ちいさい「っ」 おとの かず④

なまえ

おとの かずだけ ○を ぬりましょう。

ことば	こたえ
ねっこ	●●●○○
ねこ	●●○○○
ライオン	●●●●○
ロケット	●●●●○
らっこ	●●●○○
きつね	●●●○○
きって	●●●○○
もっきん	●●●●○
ひつじ	●●●○○
らっぱ	●●●○○

32

33頁

ちいさい「っ」 ただしい ことばを えらぼう

なまえ

えに あう ことばは どれでしょう。
ただしい ものに ○を しましょう。

① （　）ねこ　（○）ねっこ　（　）ねつこ

② （　）らぱ　（　）らぱっ　（○）らっぱ

③ （　）らこ　（○）らっこ　（　）らこっ

④ （　）きて　（　）きつて　（○）きって

⑤ （　）もきん　（　）もきっん　（○）もっきん

⑥ （○）まっくら　（　）まくら　（　）まつくら

⑦ （○）せっけん　（　）せつけん　（　）せけん

⑧ （　）そくつり　（○）そっくり　（　）そくり

33

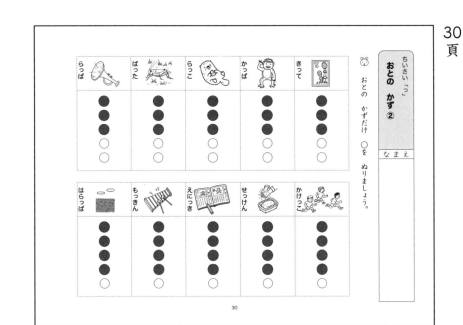

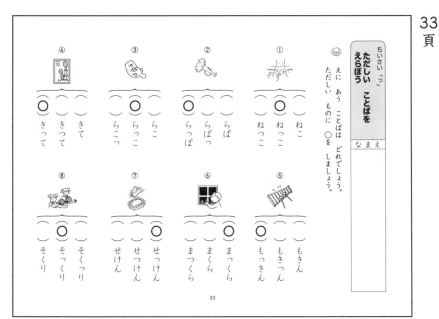

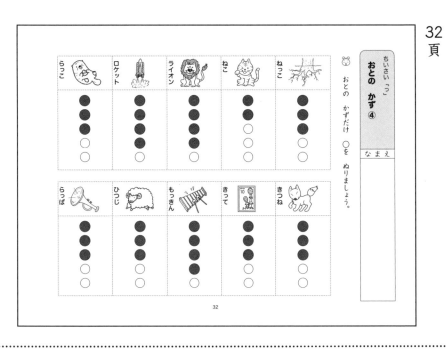

解答例

ちいさい「っ」

34頁

ちいさい「っ」
どこに「っ」が はいるかな

なまえ

ちいさく かく「っ」を 一こ ◯に いれて、えに あう ことばに しましょう。

① しっぽ
② ねっこ
③ かっぱ
④ はっぱ
⑤ ばった
⑥ きっく
⑦ か◯け っこ
⑧ え◯に っき
⑨ まっし◯ろ
⑩ は◯らっぱ
⑪ に◯ら◯めっこ
⑫ お◯に◯ごっこ

34

36頁

ちいさい「っ」
ことばあそび めいろ

なまえ

えに あう ただしい ことばを えらんで すすみましょう。

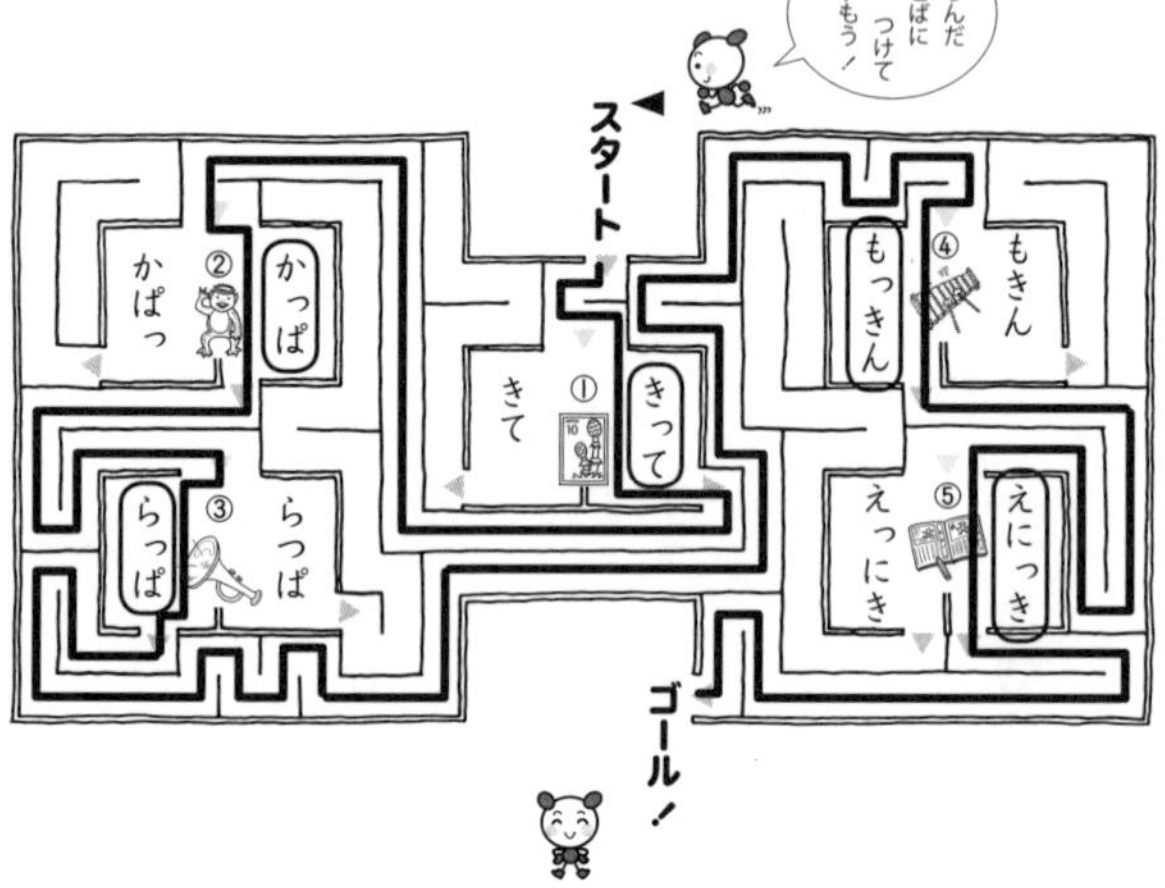

36

35頁

ちいさい「っ」
ことばあそび もじを つなごう

なまえ

えを みて □に もじを かきましょう。

たては うえから したへ よこは ひだりから みぎへ かこう。

らっこ
ねこ
にらめっこ
かめ
くも
もっきん
きつね
ひこうき
きって

35

37頁

ちいさい「っ」
ことばあそび さがしてみよう（1れつ）①

なまえ

ちいさい「っ」の つく ことばを さがして ◯で かこみましょう。

① 4こ	ねっこ　らっこ　ばった　せっけん
② 4こ	もっきん　はっぱ　らっぱ　えにっき

ことばの かず

えを ヒントに さがしてみよう。

37

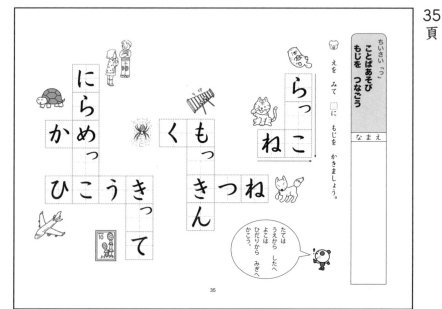

40頁

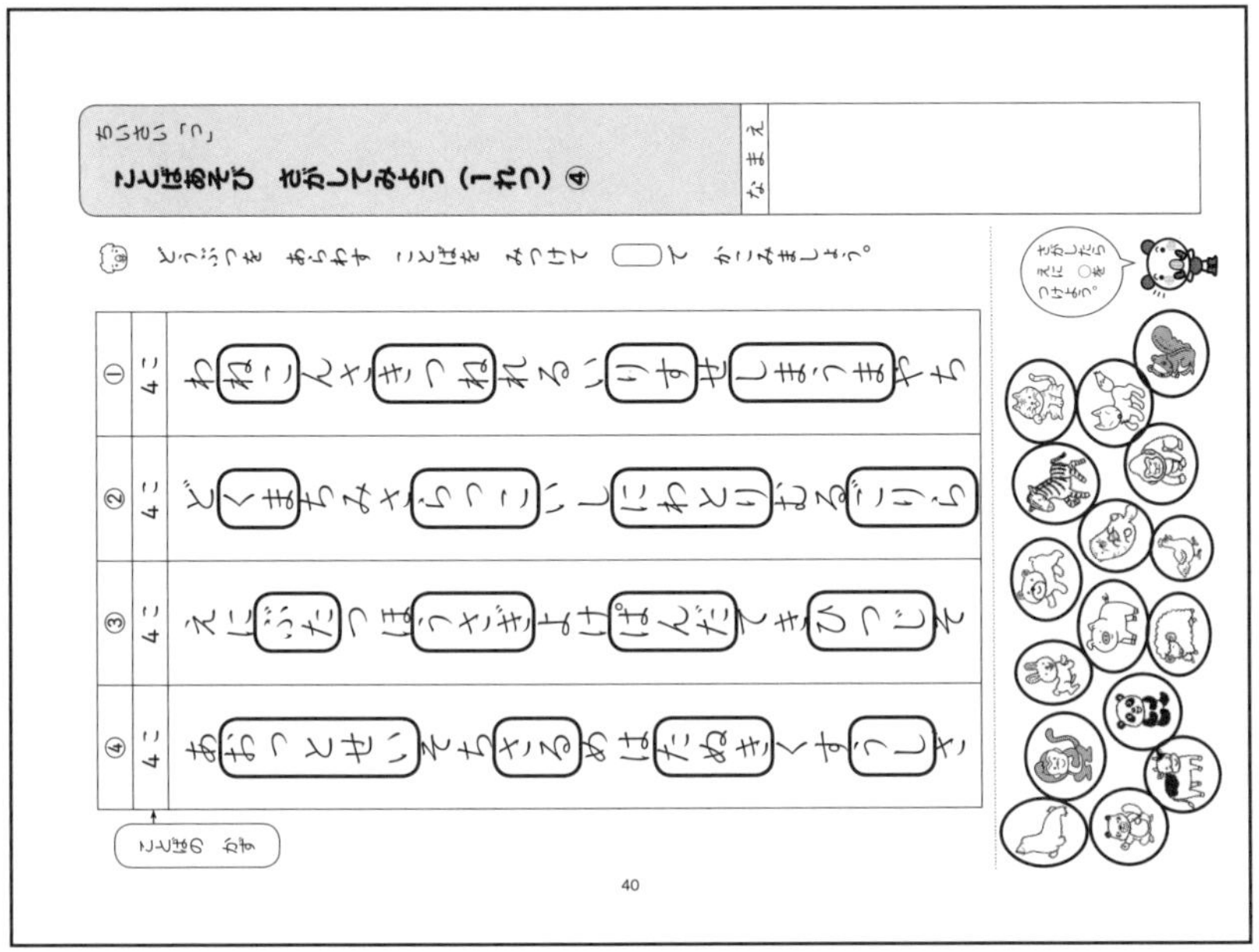

38頁

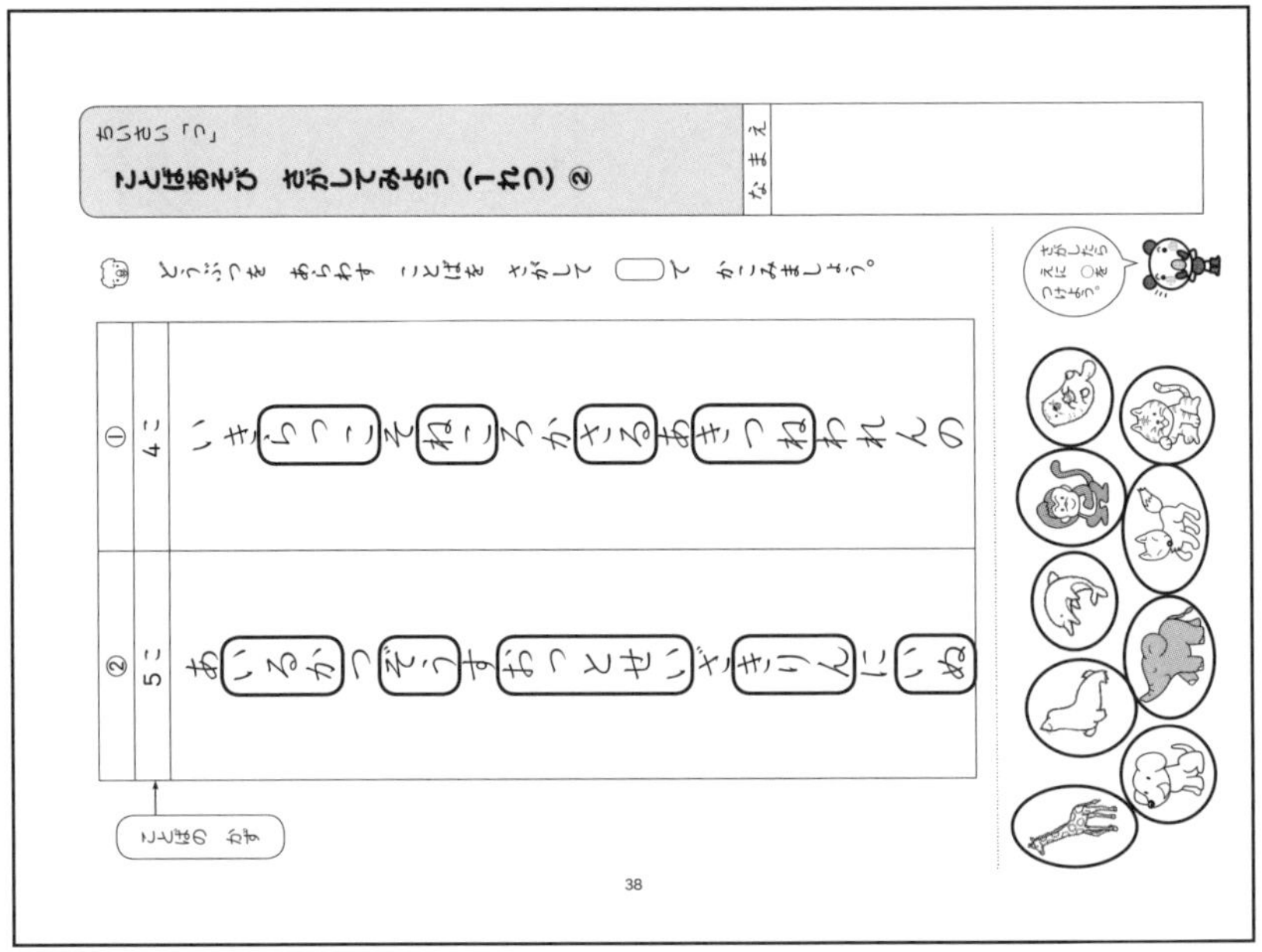

57頁

のばす おん
ただしい もじを えらぼう（えだん）

なまえ

えに あう ことばは どれでしょう。ただしい ほうを ◯で かこみましょう。

① 
え（え・**い**）が

② 
せんべ（え・**い**）

③ 
おっとせ（え・**い**）

④ 
せんせ（え・**い**）

⑤ 
「ね（**え**・い）、おね（**え**・い）さん。」
「え（**え**・い）、なあに？」

57

39頁

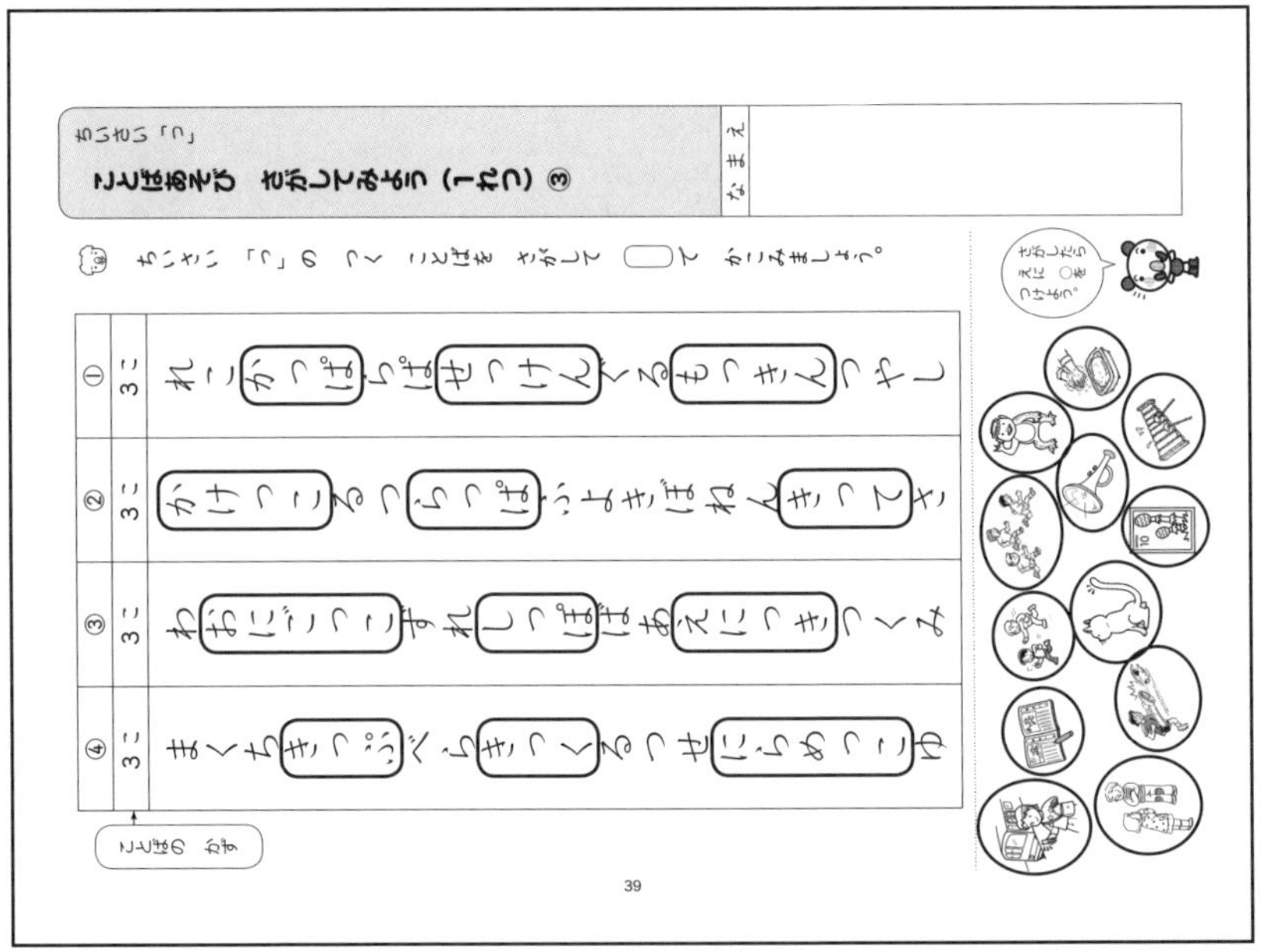

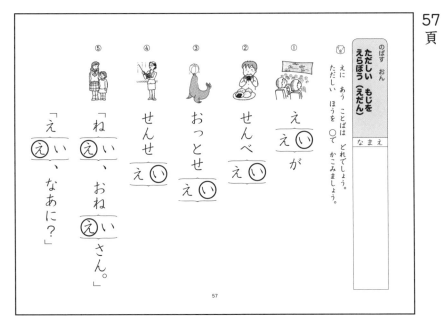

解答例

のばす おん

75頁

のばす おん
ただしい もじを えらぼう（おだん）①

なまえ

えに あう ことばは どれでしょう。ただしい ほうを 〇で かこみましょう。

① 
ぼ［お・(う)］し

② 
こ［(お)・う］り

③ 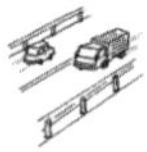
ど［お・(う)］ろ

④ 
と［お・(う)］ふ

⑤ 
ほの［(お)・う］

⑥ 
と［(お)・う］

⑦ 
ほ［(お)・う］

⑧ 
ぞ［お・(う)］

⑨ 
そ［お・(う)］じ

⑩ 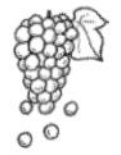
ぶど［お・(う)］

75

76頁

のばす おん
ただしい もじを えらぼう（おだん）②

なまえ

えに あう ことばは どれでしょう。ただしい ほうを 〇で かこみましょう。

① 
いも［お・(う)］と

② 
おと［お・(う)］と

③ 
お［(お)・う］かみ

④ 
お［お・(う)］さま

⑤ 
ほ［(お)・う］ずき

⑥ 
こ［(お)・う］ろぎ

⑦ 
ひこ［お・(う)］き

⑧ 
てつぼ［お・(う)］

⑨ 
おと［お・(う)］さん

⑩ 
と［(お)・う］せんぼ

76

77頁

のばす おん
ただしい もじを えらぼう（おだん）③

なまえ

えに あう ことばは どれでしょう。ただしい ほうを 〇で かこみましょう。

① 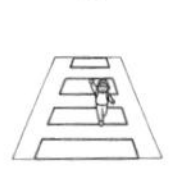
お［お・(う)］だん ほど［お・(う)］

② 
と［(お)・う］くの しんご［お・(う)］

③ 
お［(お)・う］きい ど［お・(う)］ぶつ

④ 
こ［(お)・う］りが お［(お)・う］い。

⑤ 
お［お・(う)］さまが と［(お)・う］る。

77

90頁

のばす おん
ただしい もじを えらぼう ①

なまえ

えに あう ことばは どれでしょう。ただしい ほうを 〇で かこみましょう。

① 
と［(お)・う］

② 
ぞ［お・(う)］

③ 
ほ［(お)・う］

④ 
け［え・(い)］と

⑤ 
とけ［え・(い)］

⑥ 
おと［お・(う)］と

⑦ 
いも［お・(う)］と

⑧ 
おと［お・(う)］さん

⑨ 
おね［(え)・い］さん

⑩ 
せ［え・(い)］くらべ

90

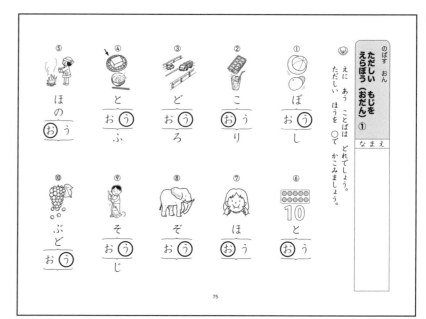

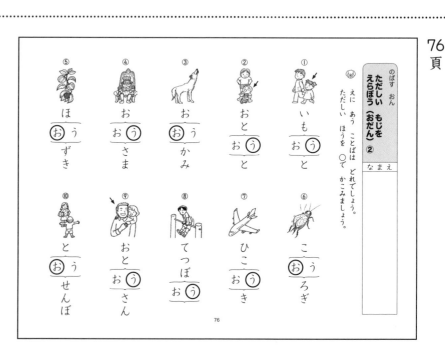

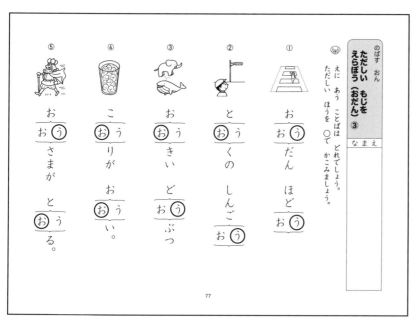

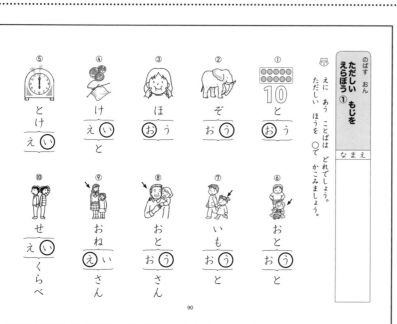

91頁

のばす おん
ただしい もじを えらぼう②

えに あう ことばは どれでしょう。
ただしい ほうを ○で かこみましょう。

なまえ

① と（お・**う**）ふ
② そ（お・**う**）じ
③ こ（**お**・う）り
④ え（え・**い**）が
⑤ ほの（**お**・う）
⑥ せんべ（え・**い**）
⑦ こ（**お**・う）ろぎ
⑧ ほ（**お**・う）ずき
⑨ お（お・**う**）さま
⑩ ゆうれ（え・**い**）

91

92頁

のばす おん
ただしい もじを えらぼう③

えに あう ことばは どれでしょう。
ただしい ほうを ○で かこみましょう。

なまえ

① え（え・**い**）ごの せんせ（え・**い**）
② お（**お**・う）きい ぼ（お・**う**）し
③ お（**お**・う）かみが と（**お**・う）る。
④ ぶど（お・**う**）を ほ（**お**・う）ばる。
⑤ がっこ（お・**う**）が と（**お**・う）い。

92

93頁

のばす おん
おとの かず①

おとの かずだけ ○を ぬりましょう。

なまえ

ぞう	ぱあ	ぐう	とけい	ぼうし
●●○○○	●●○○○	●●○○○	●●●○○	●●●○○

ぶどう	ふうせん	おおかみ	せんぷうき	かきごおり
●●●○○	●●●●○	●●●●○	●●●●●	●●●●●

93

94頁

のばす おん
おとの かず②

おとの かずだけ ○を ぬりましょう。

なまえ

いもうと	おとうと	おばさん	おばあさん	おかあさん
●●●●○	●●●●○	●●●●○	●●●●●	●●●●●

おじさん	おじいさん	おとうさん	おにいさん	おねえさん
●●●●○	●●●●●	●●●●●	●●●●●	●●●●●

94

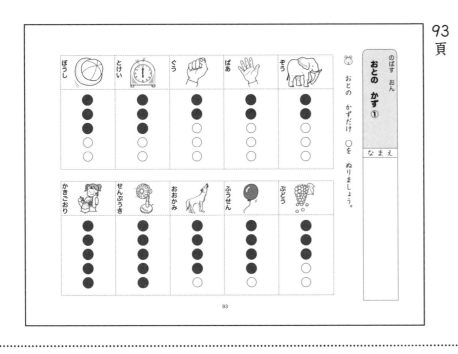

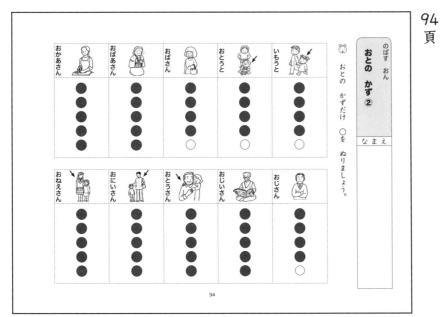

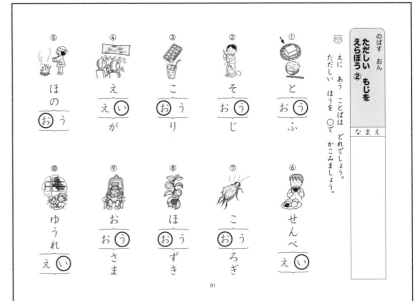

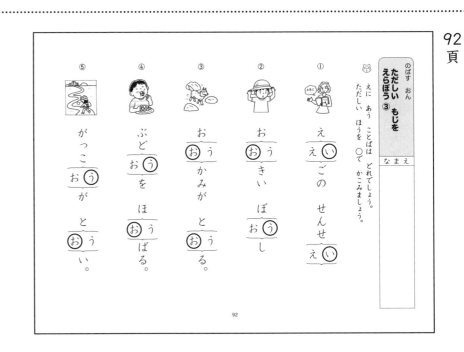

解答例

のばす　おん

95
頁

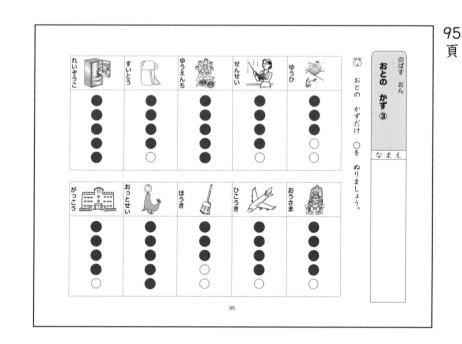

のばす　おん
おとの　かず ③

なまえ

おとの　かずだけ　○を　ぬりましょう。

ゆうひ	せんせい	ゆうえんち	すいとう	れいぞうこ
●●●○○	●●●●○	●●●●●	●●●●○	●●●●●

おうさま	ひこうき	ほうき	おっとせい	がっこう
●●●●○	●●●●○	●●●○○	●●●●●	●●●●○

95

96
頁

のばす　おん
おとの　かず ④

なまえ

おとの　かずだけ　○を　ぬりましょう。

おおかみ	いるか	ぞう	こおろぎ	かぶとむし
●●●●○	●●●○○	●●○○○	●●●●○	●●●●●

にんじん	しいたけ	とうふ	さくらんぼ	ぶどう
●●●●○	●●●○○	●●●○○	●●●●●	●●●○○

96

97
頁

のばす　おん
ことばあそび　しりとり ①

なまえ

えに　あう　ことばを　かいて、　しりとりを　しましょう。

ぞう → うし → しか → かきごおり → りす → すいか

97

98
頁

のばす　おん
ことばあそび　しりとり ②

なまえ

えに　あう　ことばを　かいて、　しりとりを　しましょう。

ほのお → おけ → けいと → とけい → いす → すいとう → うさぎ

98

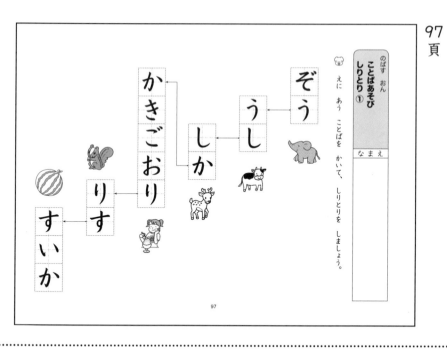

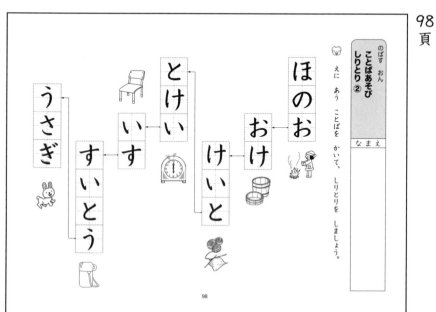

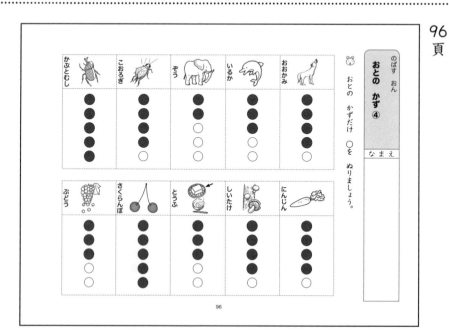

解答例

のばす　おん

99頁

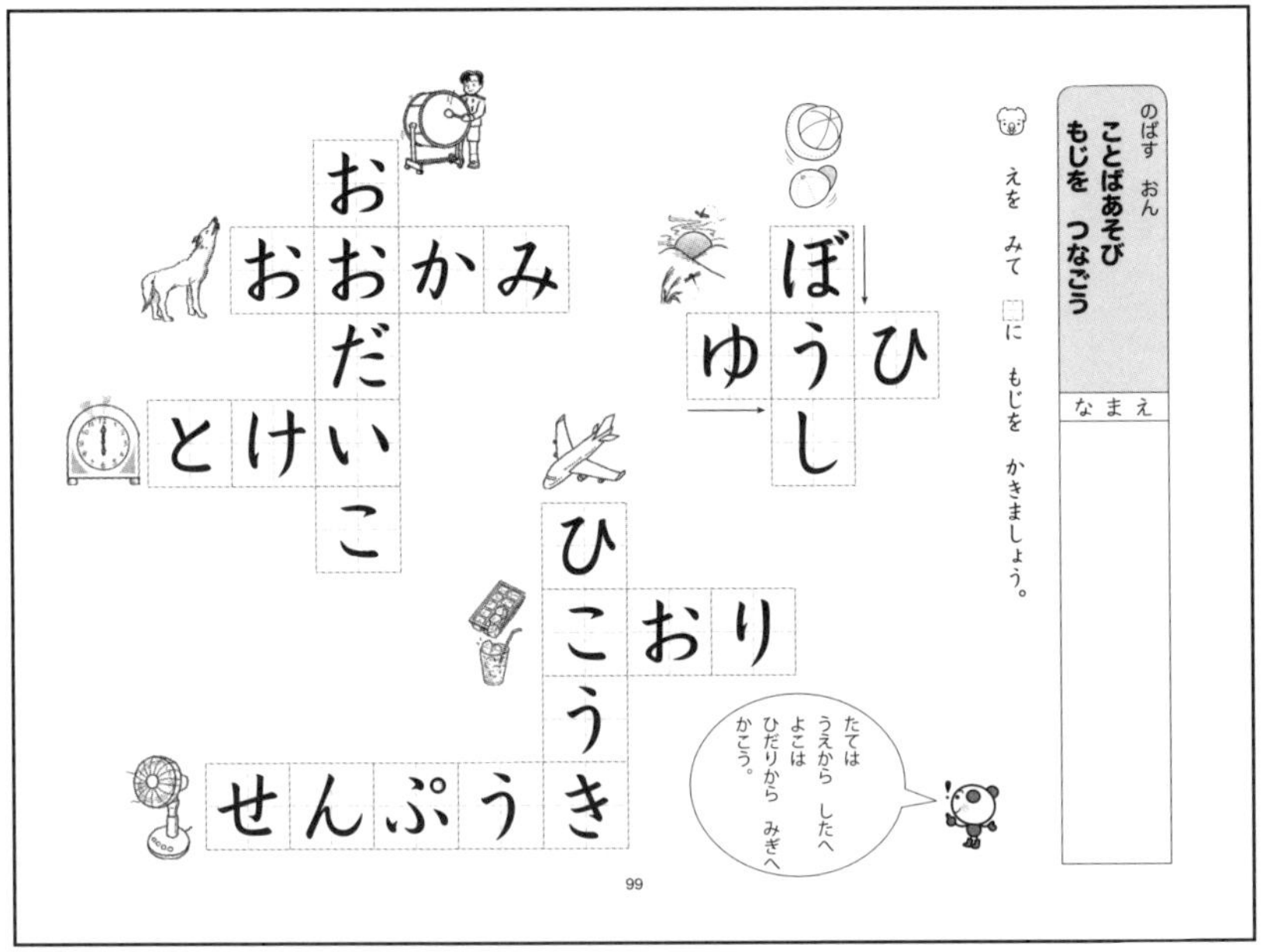

のばす　おん
ことばあそび　もじを　つなごう

なまえ

えを　みて　□に　もじを　かきましょう。

おおかみ　おおだいこ　とけい　ぼうし　ゆうひ　ひこうき　こおり　せんぷうき

100頁

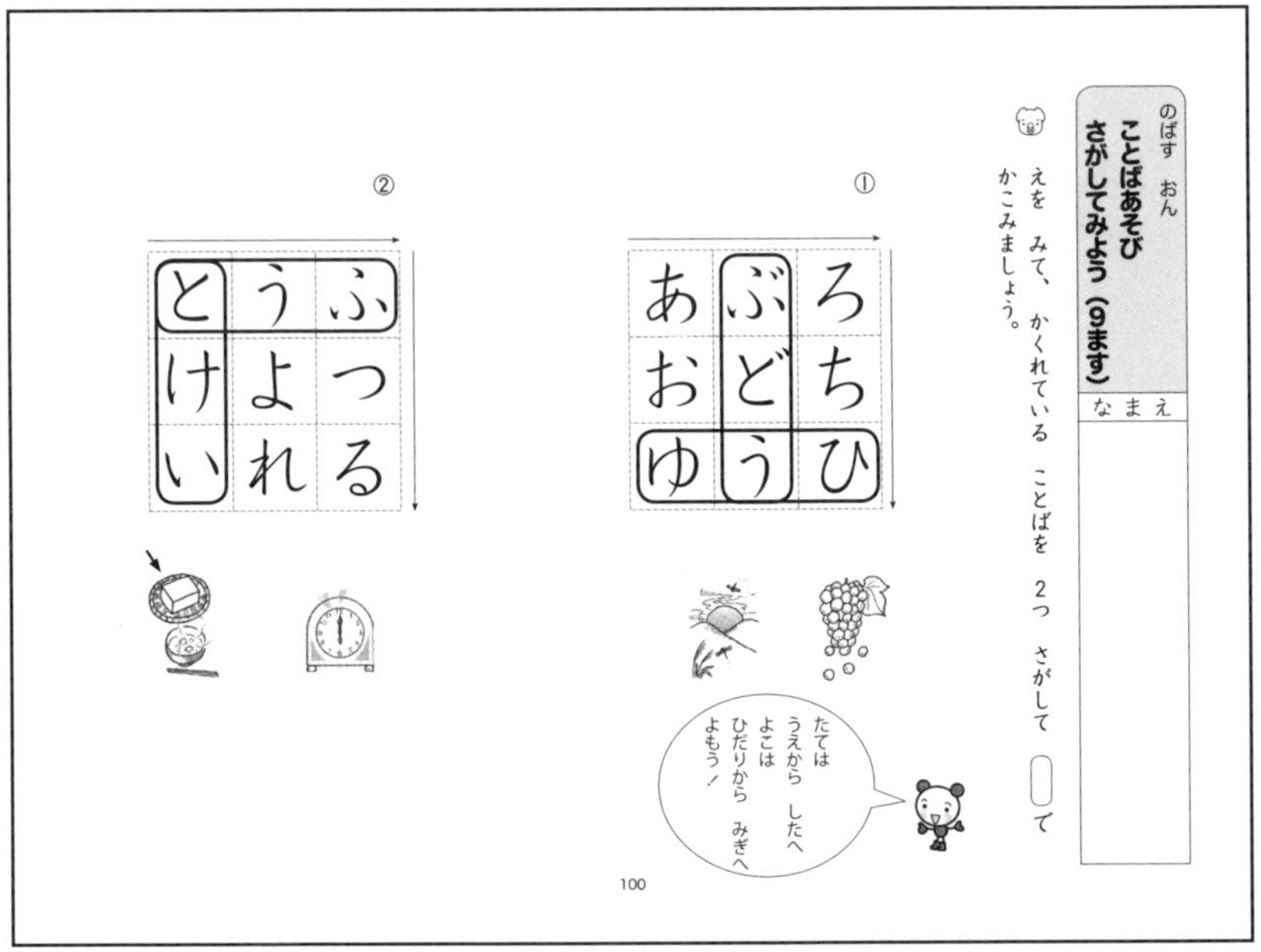

のばす　おん
ことばあそび　さがしてみよう（9ます）

なまえ

えを　みて、かくれている　ことばを　2つ　さがして　▢　で　かこみましょう。

①

あ	ぶ	ろ
お	ど	ち
ゆ	う	ひ

②

と	う	ふ
け	よ	つ
い	れ	る

101頁

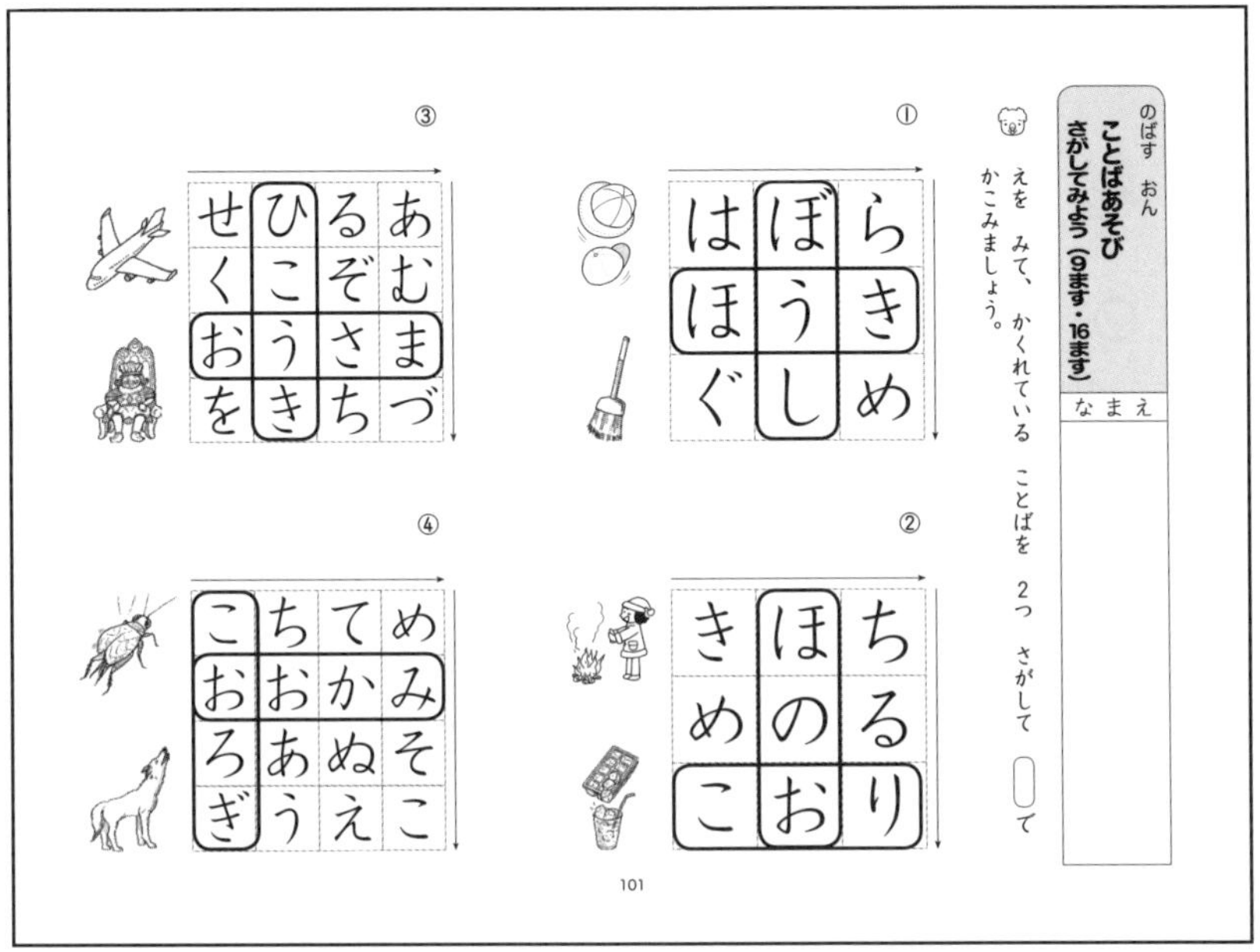

のばす　おん
ことばあそび　さがしてみよう（9ます・16ます）

なまえ

えを　みて、かくれている　ことばを　2つ　さがして　▢　で　かこみましょう。

①

は	ぼ	ら
ほ	う	き
ぐ	し	め

②

き	ほ	ち
め	の	る
こ	お	り

③

せ	ひ	る	あ
く	こ	ぞ	む
お	う	さ	ま
を	き	ち	づ

④

こ	ち	て	め
お	お	か	み
ろ	あ	ぬ	そ
ぎ	う	え	こ

102頁

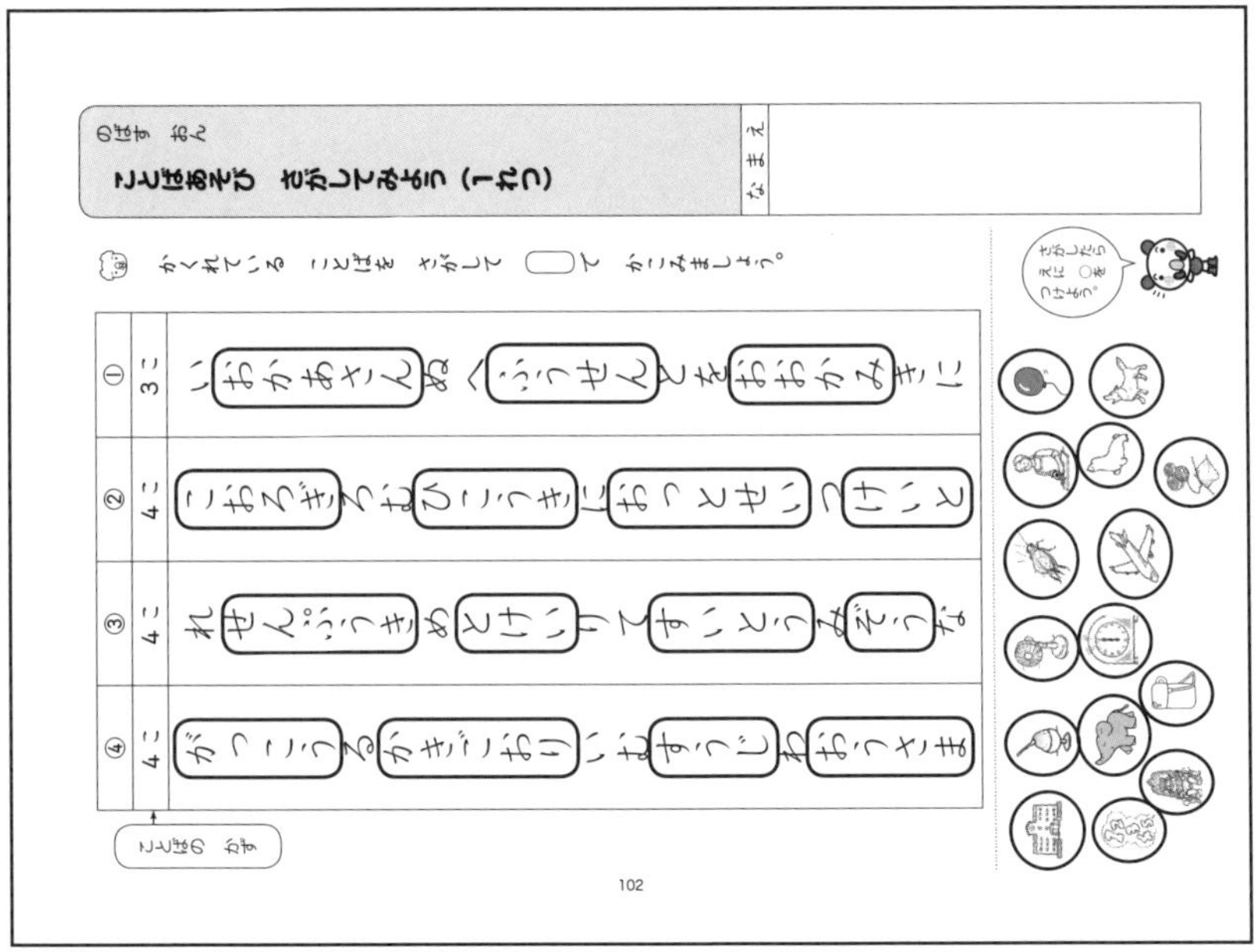

のばす　おん
ことばあそび　さがしてみよう（1れつ）

なまえ

かくれている　ことばを　さがして　▢　で　かこみましょう。

①	3こ	いおかあさんぬへふうせんとをおおかみきに
②	4こ	こおろぎろおひこうきにおっとせいつけいと
③	4こ	れせんぷうきめとけいりてすいとうめぞうだ
④	4こ	がっこうろかきごおりいおすうじわおうさま

ことばの　かず

ちいさい「や・ゆ・よ」

141頁

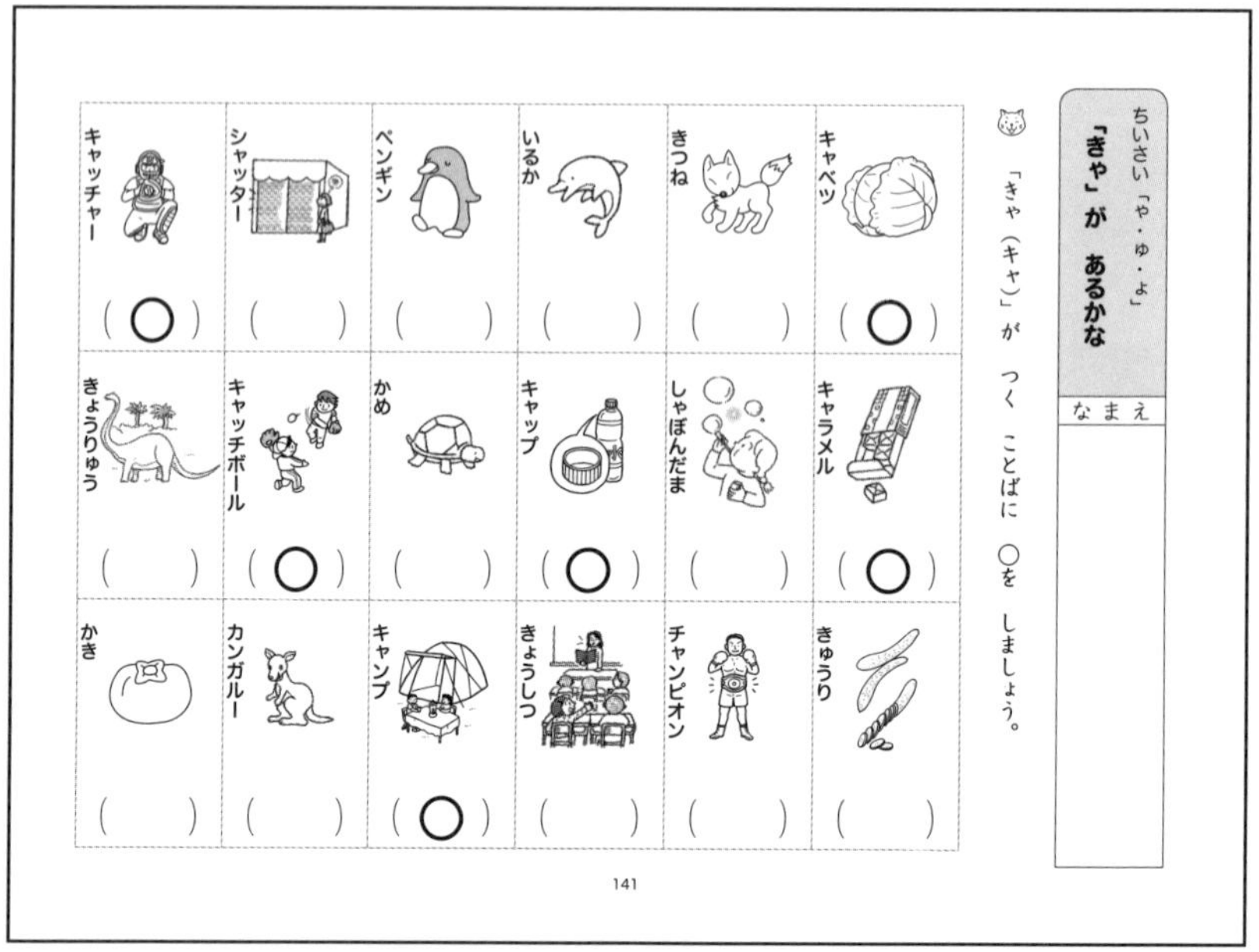

※「きょ」「しゃ」があるかな，などとしても活用できます。

142頁

※「きゃ」「ぎょ」があるかな，などとしても活用できます。

143頁

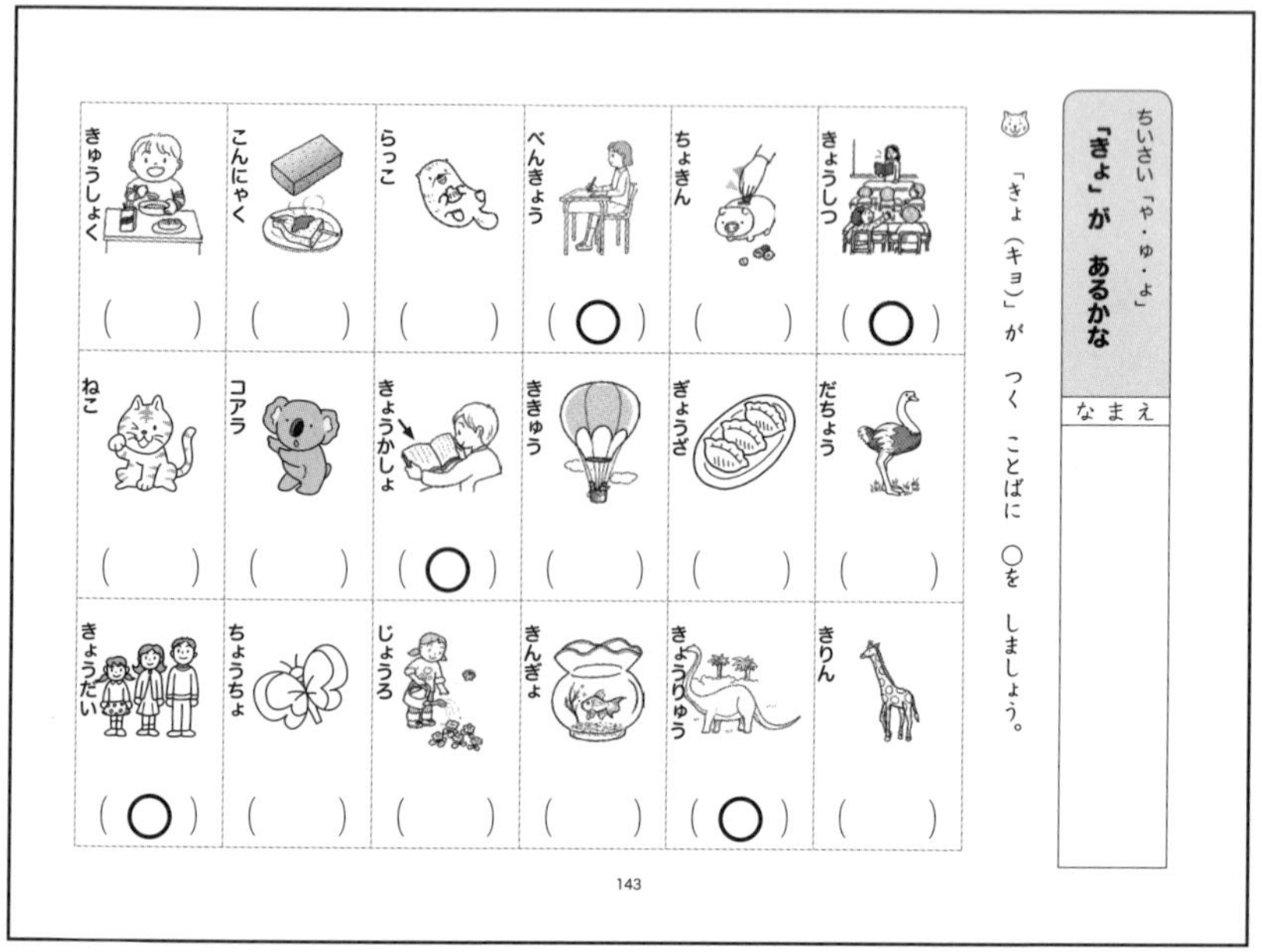

※「きゅ」「ぎょ」「ちょ」があるかな，などとしても活用できます。

144頁

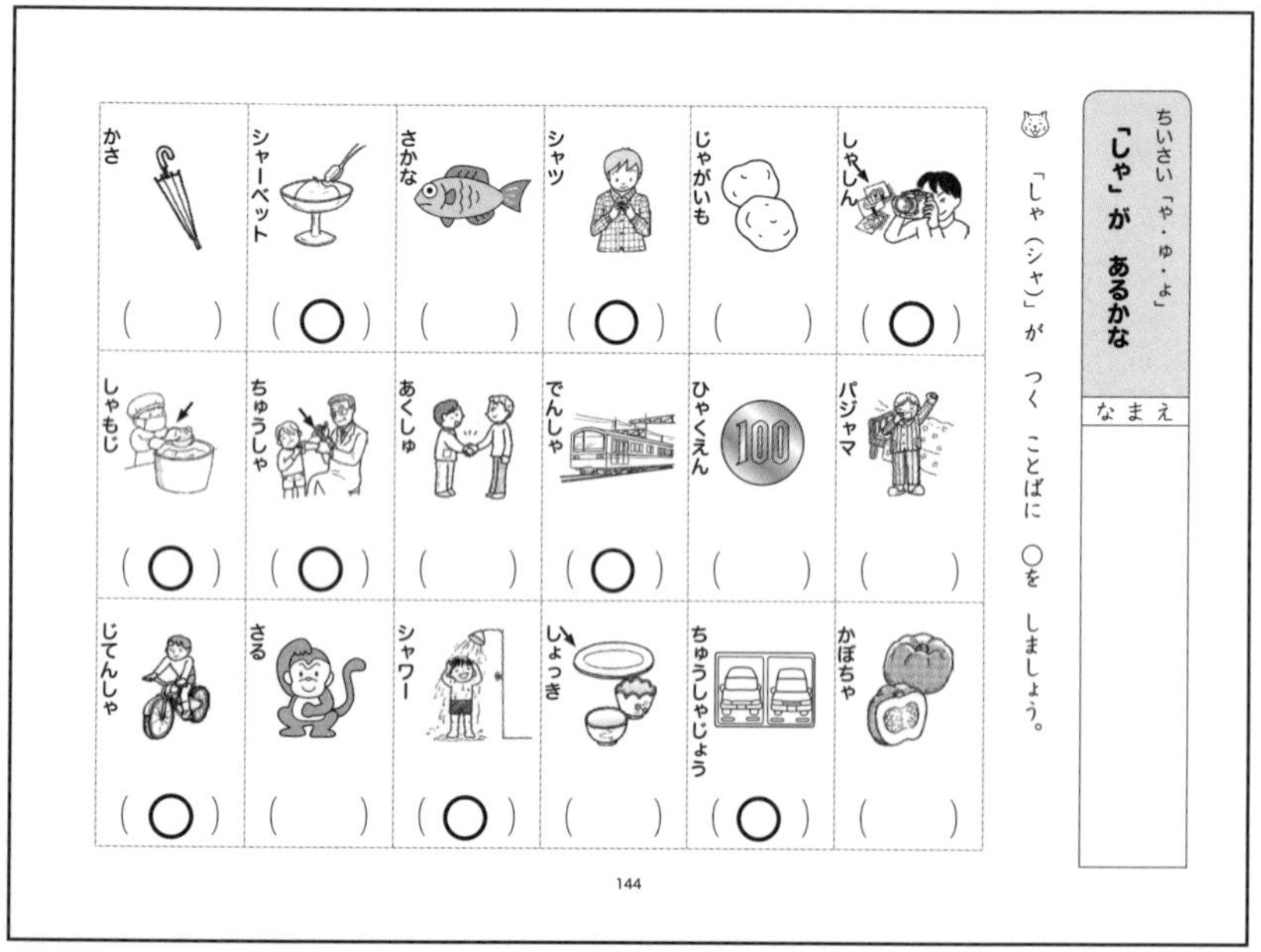

※「じゃ」があるかな，としても活用できます。

145頁

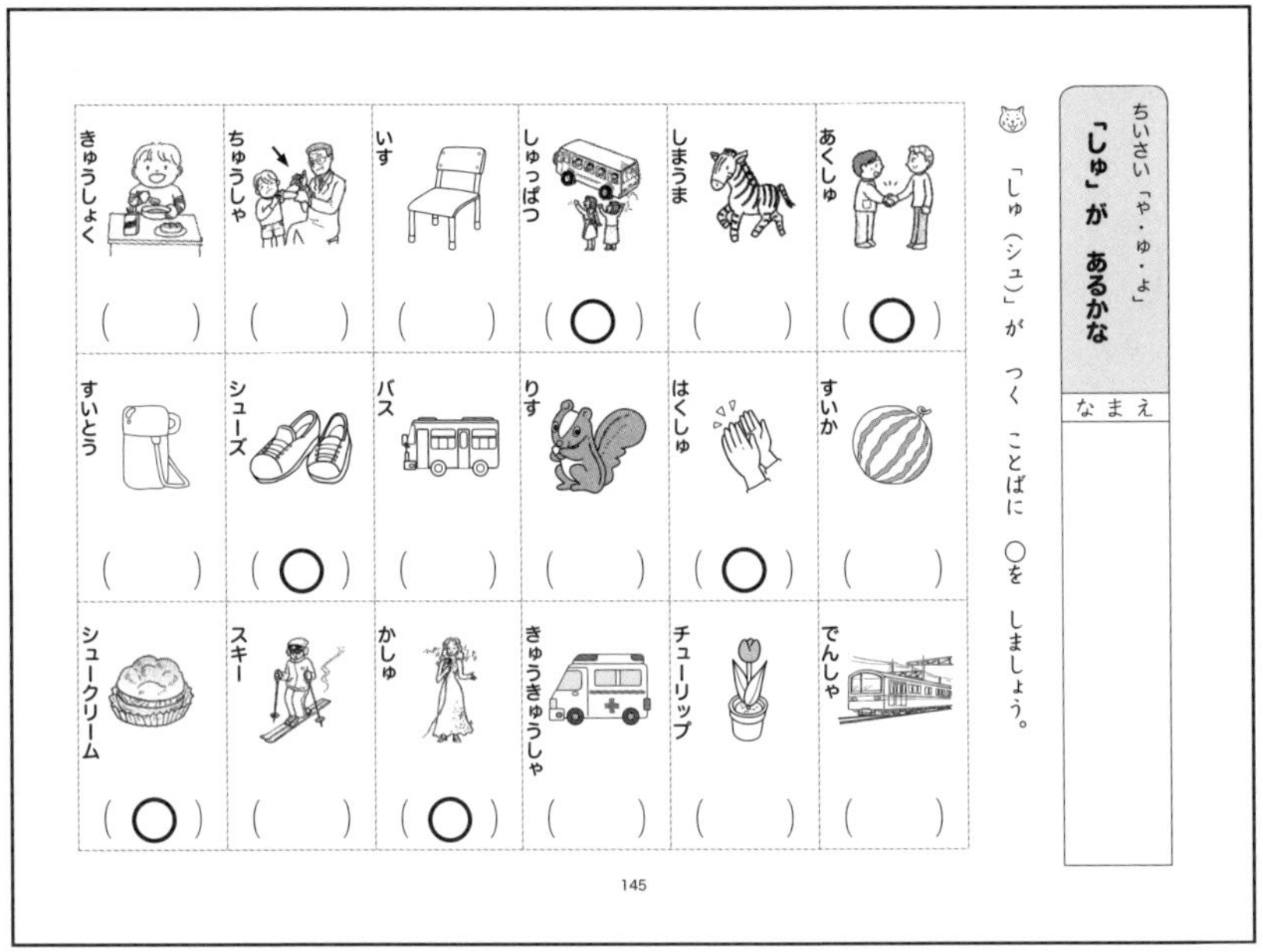
ちいさい「や・ゆ・よ」
「しゅ」が あるかな
なまえ
「しゅ（シュ）」が つく ことばに ○を しましょう。

あくしゅ（○）
しまうま（　）
しゅっぱつ（○）
いす（　）
ちゅうしゃ（　）
きゅうしょく（　）
すいか（　）
はくしゅ（○）
りす（　）
バス（　）
シューズ（○）
すいとう（　）
でんしゃ（　）
チューリップ（　）
きゅうきゅうしゃ（　）
かしゅ（○）
スキー（　）
シュークリーム（○）
145

※「しゃ」があるかな，としても活用できます。

146頁

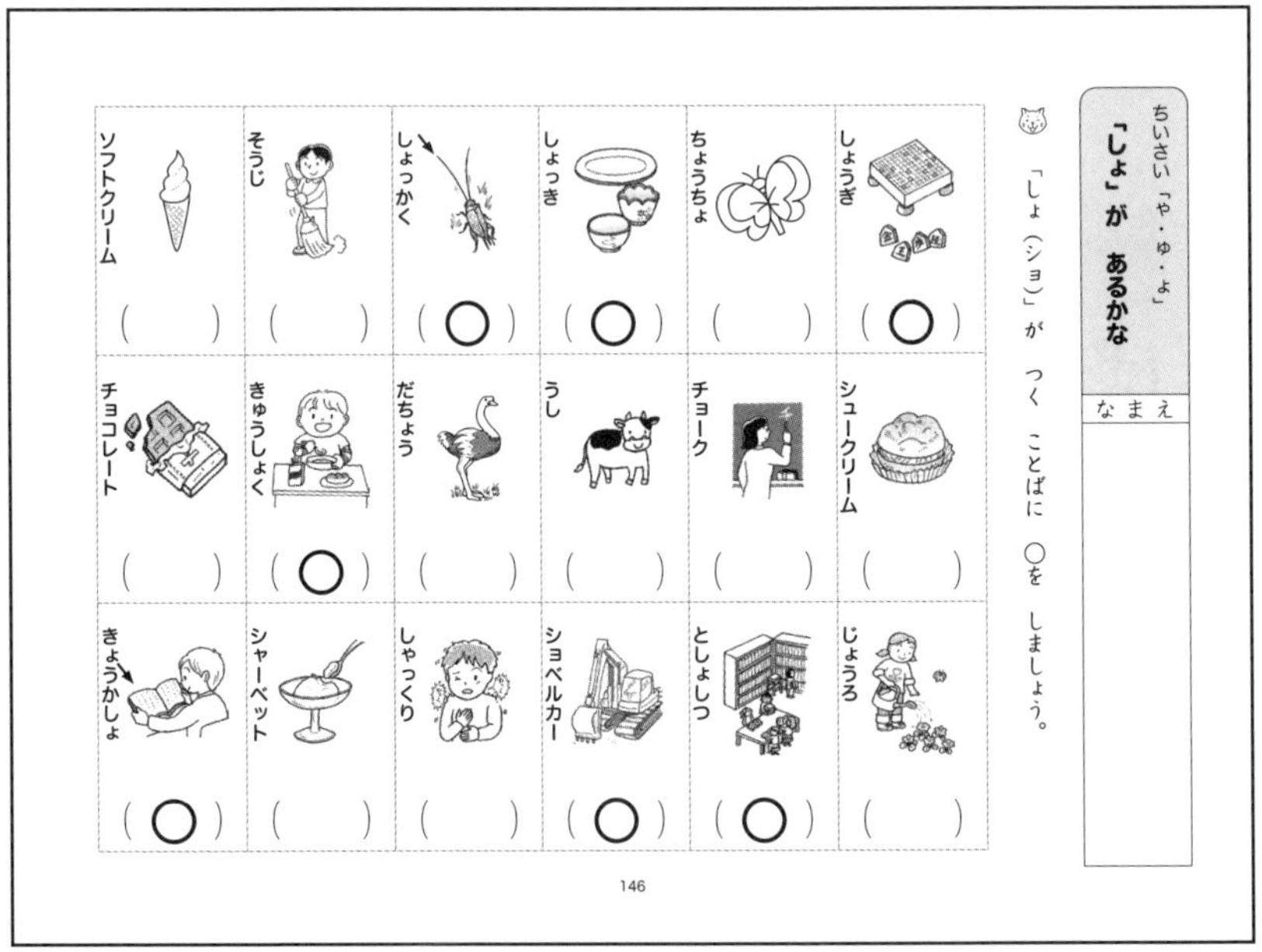
ちいさい「や・ゆ・よ」
「しょ」が あるかな
なまえ
「しょ（ショ）」が つく ことばに ○を しましょう。

しょうぎ（○）
ちょうちょ（　）
しょっき（○）
しょっかく（○）
そうじ（　）
ソフトクリーム（　）
シュークリーム（　）
チョーク（　）
うし（　）
だちょう（　）
きゅうしょく（○）
チョコレート（　）
じょうろ（　）
としょしつ（○）
ショベルカー（○）
しゃっくり（　）
シャーベット（　）
きょうかしょ（○）
146

※「ちょ」があるかな，としても活用できます。

147頁

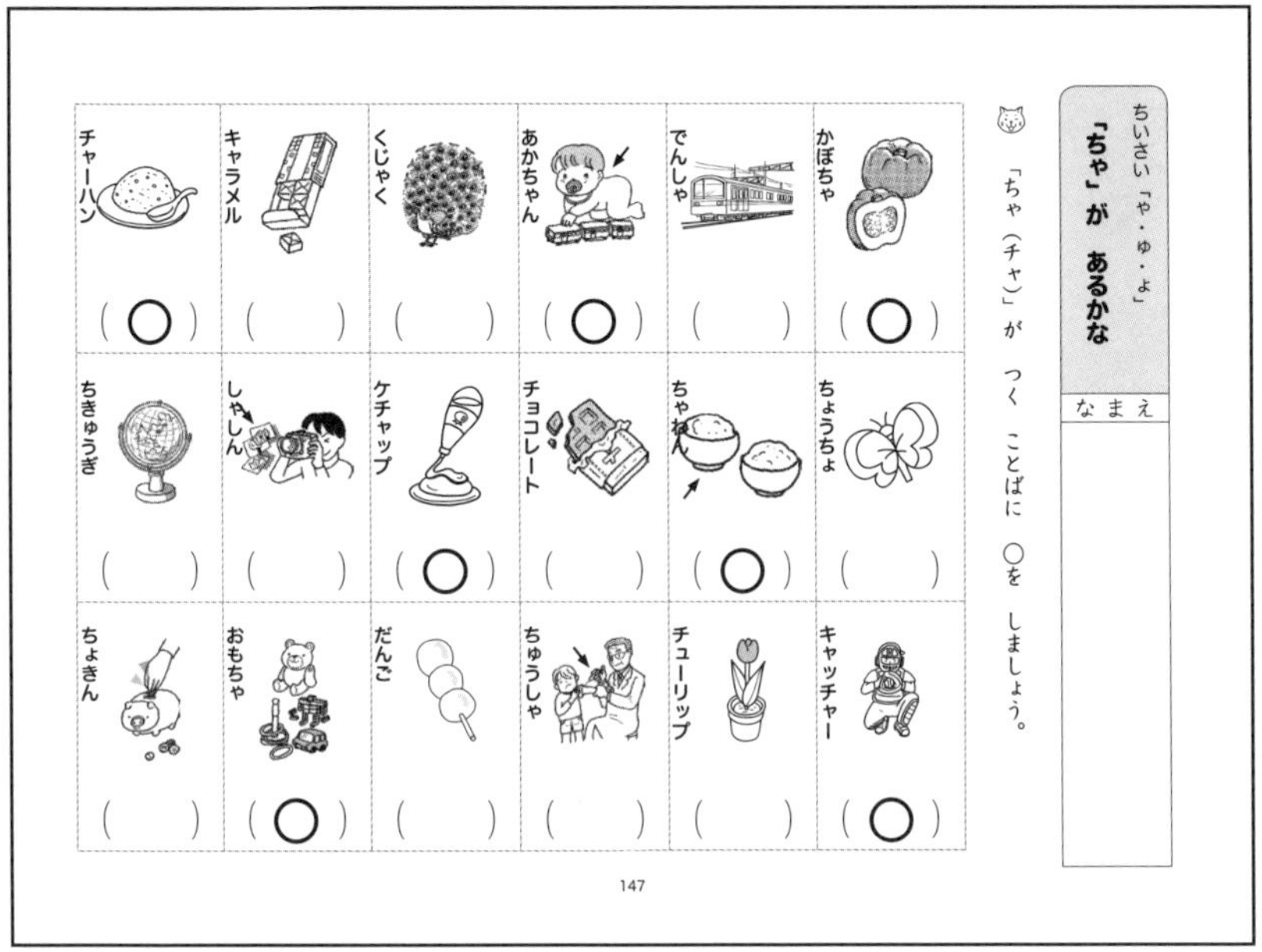
ちいさい「や・ゆ・よ」
「ちゃ」が あるかな
なまえ
「ちゃ（チャ）」が つく ことばに ○を しましょう。

かぼちゃ（○）
でんしゃ（　）
あかちゃん（○）
くじゃく（　）
キャラメル（　）
チャーハン（○）
ちょうちょ（　）
ちゃわん（○）
チョコレート（　）
ケチャップ（○）
しゃしん（　）
ちきゅうぎ（　）
キャッチャー（○）
チューリップ（　）
ちゅうしゃ（　）
だんご（　）
おもちゃ（○）
ちょきん（　）
147

※「しゃ」「ちゅ」「ちょ」があるかな，などとしても活用できます。

148頁

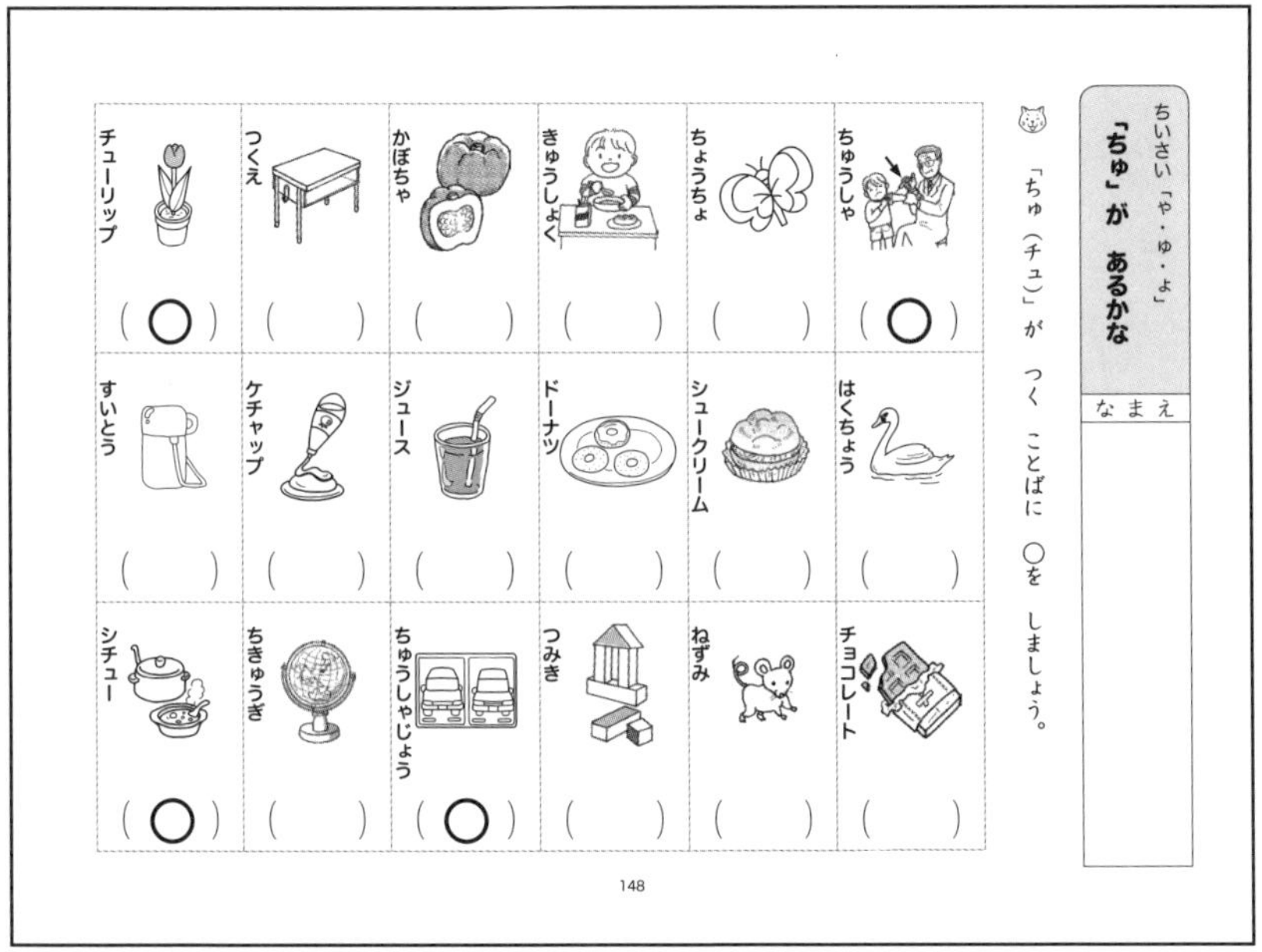
ちいさい「や・ゆ・よ」
「ちゅ」が あるかな
なまえ
「ちゅ（チュ）」が つく ことばに ○を しましょう。

ちゅうしゃ（○）
ちょうちょ（　）
きゅうしょく（　）
かぼちゃ（　）
つくえ（　）
チューリップ（○）
はくちょう（　）
シュークリーム（　）
ドーナツ（　）
ジュース（　）
ケチャップ（　）
すいとう（　）
チョコレート（　）
ねずみ（　）
つみき（　）
ちゅうしゃじょう（○）
ちきゅうぎ（　）
シチュー（○）
148

※「ちゃ」「ちょ」があるかな，などとしても活用できます。

ちいさい「や・ゆ・よ」

149頁

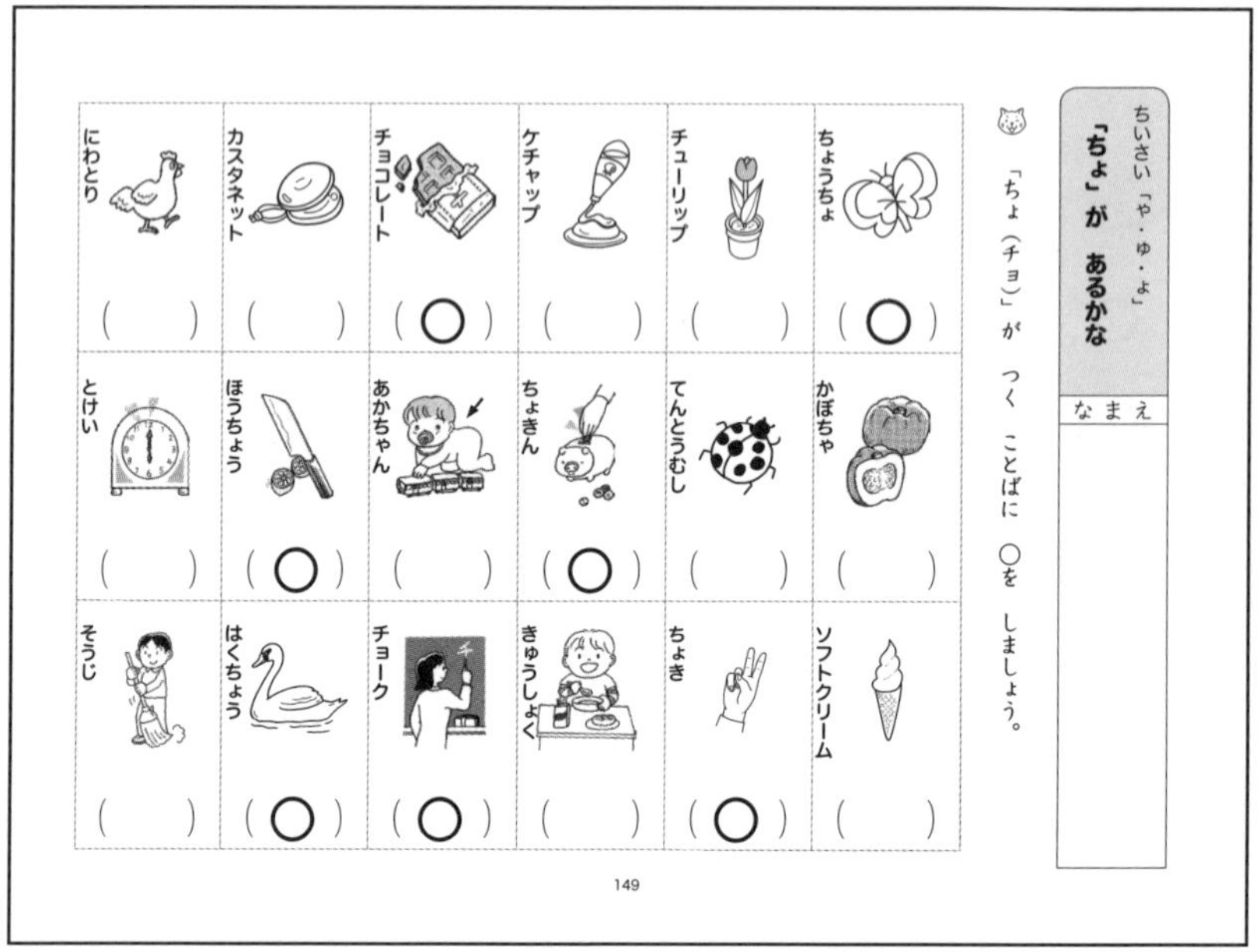
ちいさい「や・ゆ・よ」
「ちょ」が あるかな

なまえ

「ちょ（チョ）」が つく ことばに ○を しましょう。

ちょうちょ（○）	チューリップ（　）	ケチャップ（　）	チョコレート（○）	カスタネット（　）	にわとり（　）
かぼちゃ（　）	てんとうむし（　）	ちょきん（○）	あかちゃん（　）	ほうちょう（○）	とけい（　）
ソフトクリーム（　）	ちょき（○）	きゅうしょく（　）	チョーク（○）	はくちょう（○）	そうじ（　）

149

※「ちゃ」があるかな，としても活用できます。

151頁

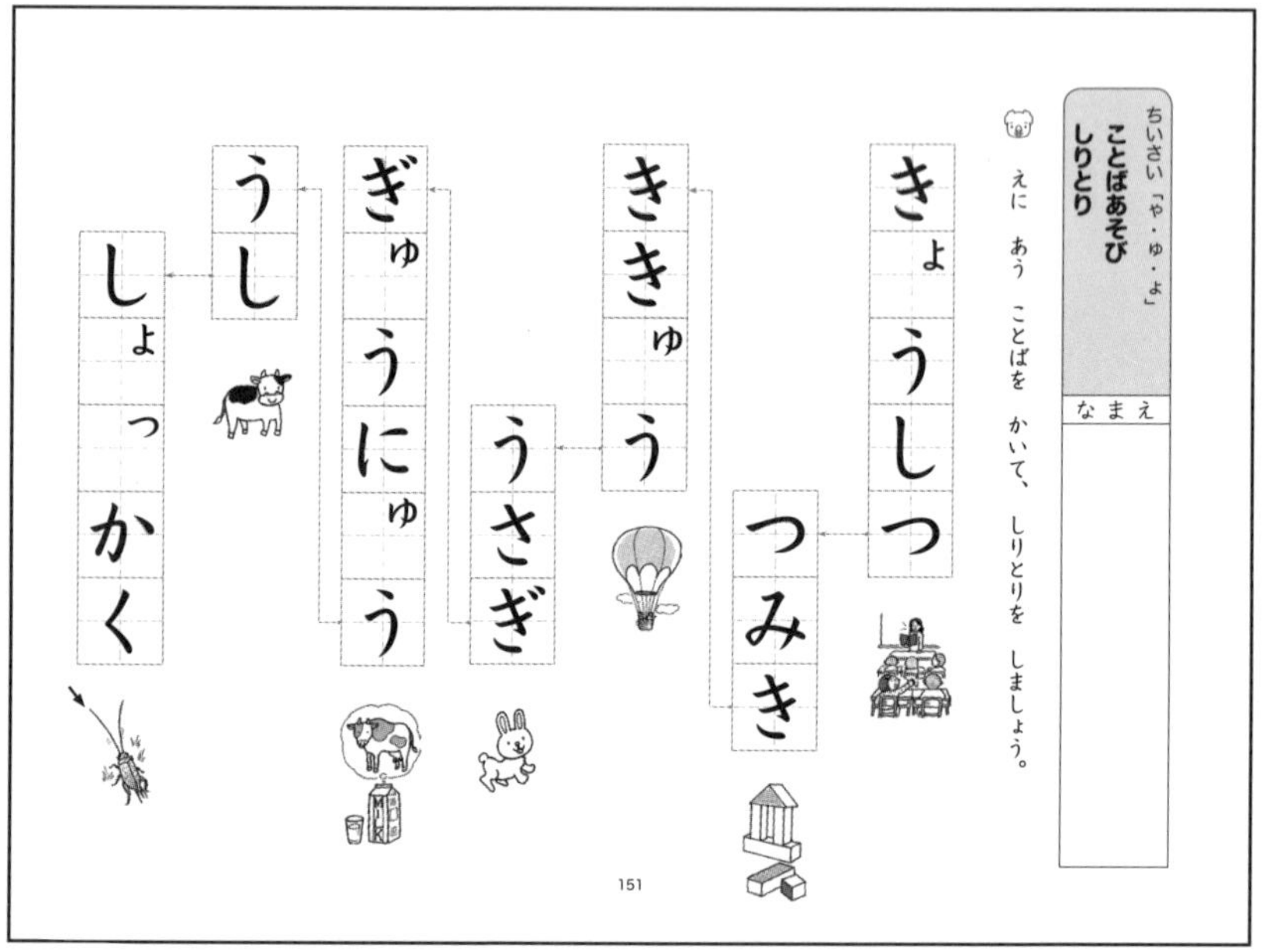
ちいさい「や・ゆ・よ」
ことばあそび しりとり

なまえ

えに あう ことばを かいて、しりとりを しましょう。

きょうしつ → つみき → ききゅう → うさぎ → ぎゅうにゅう → うし → しょっかく

151

150頁

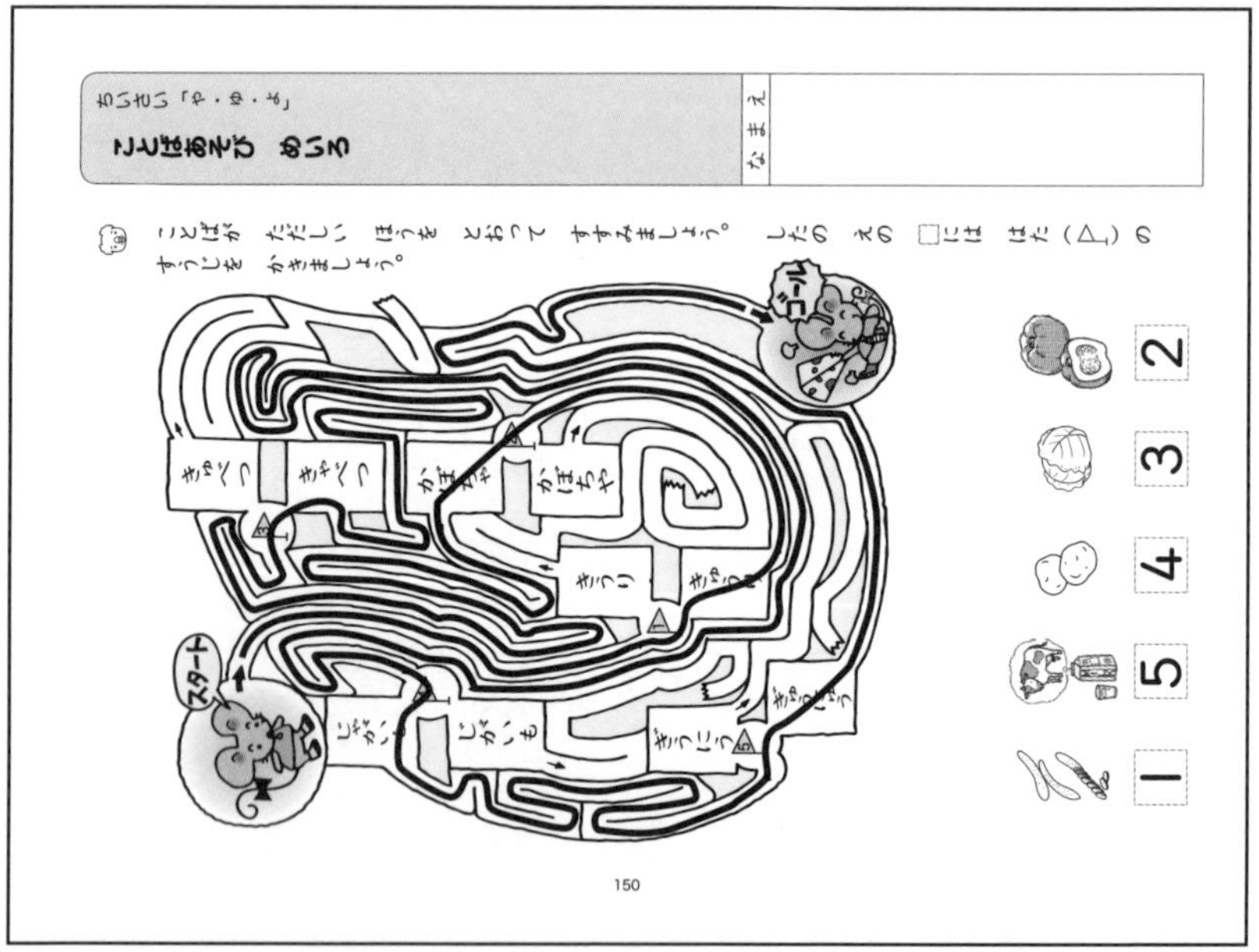
ちいさい「や・ゆ・よ」
ことばあそび めいろ

なまえ

ことばが ただしい ほうを とおって すすみましょう。 したの えの □には はた（△）の すうじを かきましょう。

150

152頁

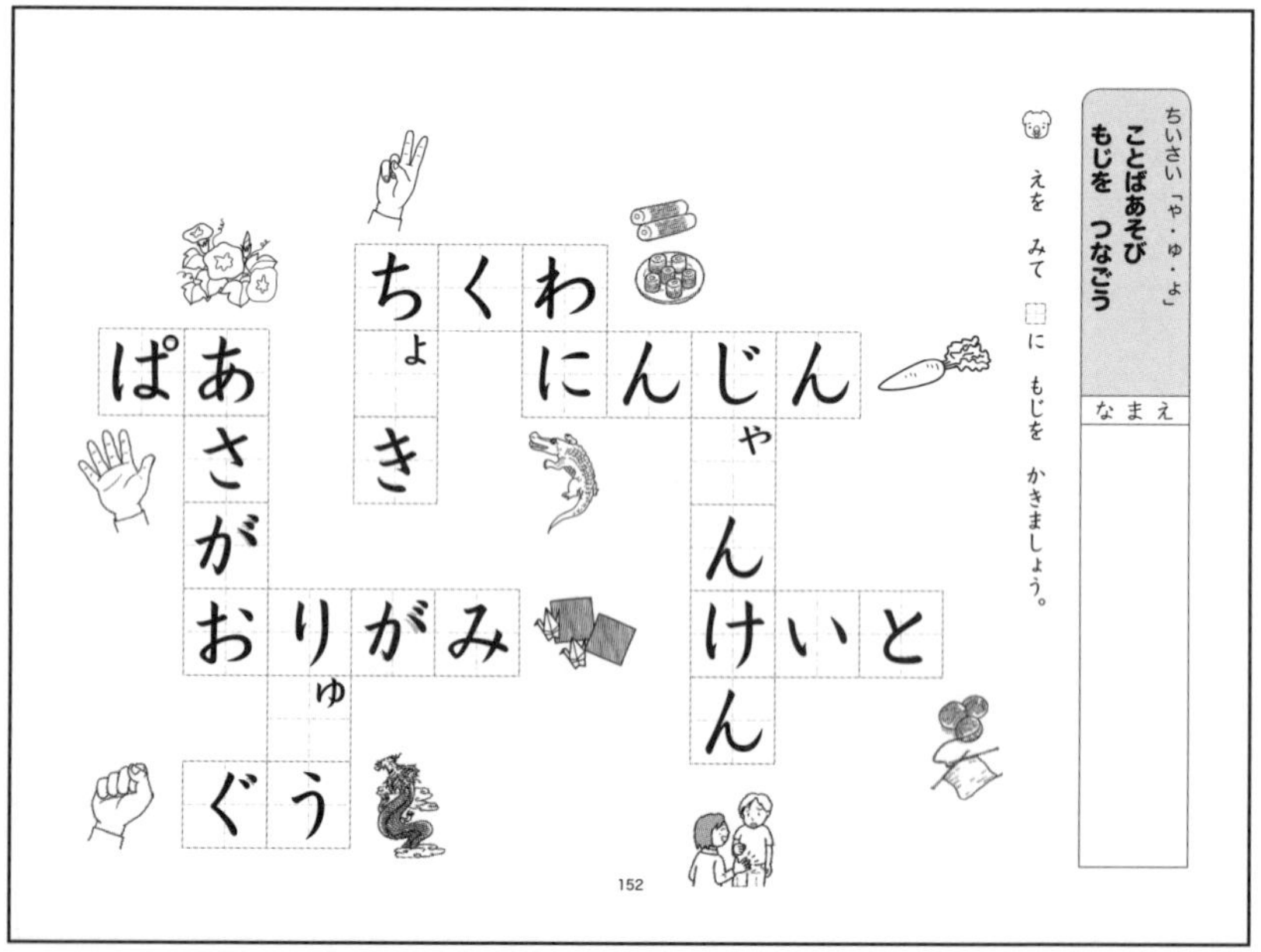
ちいさい「や・ゆ・よ」
ことばあそび もじを つなごう

なまえ

えを みて □に もじを かきましょう。

ちくわ　ちょき　にんじん　じゃんけん　けいと　ぱあ　あさがお　おりがみ　りゅう　ぐう

152

解答例

ちいさい「や・ゆ・よ」

155頁

ちいさい「ゃ・ゅ・ょ」
ことばあそび　おなじ　もじを　いれよう
なまえ

ただしい　ことばに　なるように □に　それぞれ　おなじ　もじを　いれて　かきましょう。

おなじ　もじ

① ちょうちょ
② ほうちょう
③ きょうかしょ
④ ぎゅうにゅう
⑤ くじゃく
⑥ ききゅう

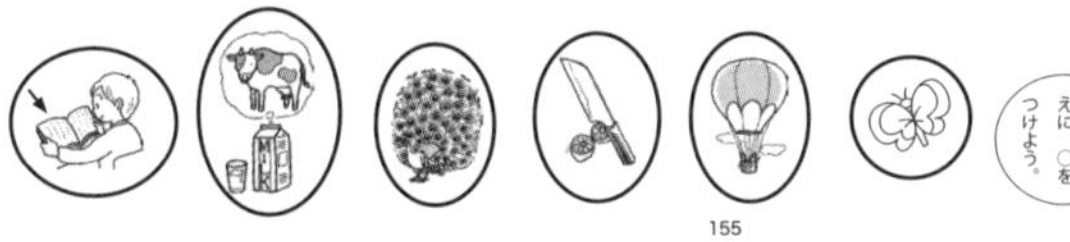

155

153頁

ちいさい「ゃ・ゅ・ょ」
ことばあそび　さがしてみよう（1れつ）①
なまえ

ちいさい「ゃ・ゅ・ょ」の　つく　ことばを　さがして　　で　かこみましょう。

	ことばの　かず	
①	3こ	きゅうしょくめきんぎょろずあおもちゃえや
②	3こ	かでんしゃくしゃもじめじてんしゃくけしや
③	3こ	ちかぼちゃめぬなぎょうざれわきゅうりいひ
④	3こ	あけちょうちょゆふしょっきせてちゅうしゃ

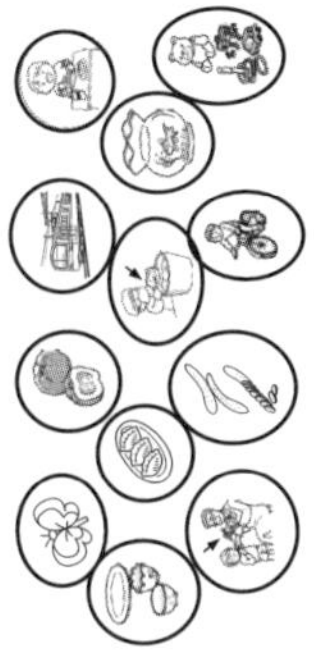

153

154頁

ちいさい「ゃ・ゅ・ょ」
ことばあそび　さがしてみよう（1れつ）②
なまえ

どうぶつを　あらわす　ことばを　さがして　　で　かこみましょう。

	ことばの　かず	
①	4こ	たこりらわだちょうきぬたぬきけいるかろこ
②	3こ	おっとせいむつらいおんがにわとりとれみも
③	4こ	ねひつじるずおおかみひほきりんわきつねて
④	4こ	ほあひるめるしらっこぬおらくだにひょうけ
⑤	3こ	いむぞうたみしまうまもけぺんぎんるをそや

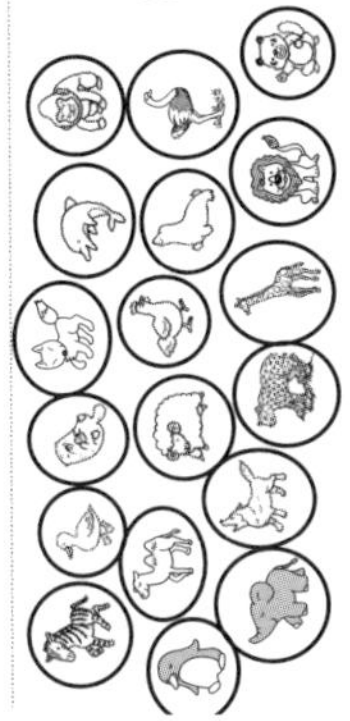

154

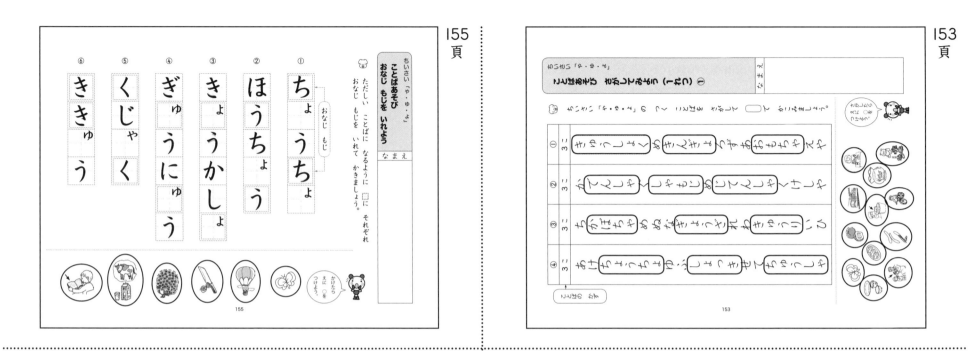

【本書の発行のためにご協力頂いた先生方】（敬称略）

阿野　美佐子（あの　みさこ）　京都府八幡市立中央小学校教諭　通級指導教室担当

市川　巳栄（いちかわ　みえ）　京都府宇治市立北小倉小学校講師　※ 2017 年 1 月現在

【企画・編著】

原田　善造（はらだ　ぜんぞう）

学校図書教科書編集協力者
わかる喜び学ぶ楽しさを創造する教育研究所・著作研究責任者
元大阪府公立小学校教諭
（高槻市立芥川小学校特別支援学級教諭）

喜楽研の支援教育シリーズ

ゆっくりていねいに学びたい子のための

ことばワーク ちいさくかく文字《もじ》と のばす音《おん》
～促音・長音・拗音（拗長音・拗促音）～

2017 年 1 月 10 日　第 1 刷発行
2023 年 11 月 10 日　第 6 刷発行

イラスト：山口 亜耶・白川 えみ・後藤 あゆみ
装　　丁：竹内 由美子・山口 亜耶
企画・編著：原田 善造・あおい えむ・今井 はじめ・さくら りこ・ほしの ひかり
堀越 じゅん
編集担当：中川 瑞枝
発 行 者：岸本 なおこ
発 行 所：喜楽研（わかる喜び学ぶ楽しさを創造する教育研究所）
〒 604-0854　京都府京都市中京区二条通東洞院西入仁王門町 26-1
TEL　075-213-7701　　FAX　075-213-7706
HP　https://www.kirakuken.co.jp
印　　刷：株式会社イチダ写真製版

ISBN 978-4-86277-204-6　Printed in Japan